Marie-Pierre
Ombrédanne

Mon potager dans mon appart et les recettes pour cuisiner mes récoltes

Avec la collaboration de Lottie à la conception des recettes

Casa éditions

avant-propos

Florilège de questions et de réponses sur les problématiques que vous pouvez vous poser avant de passer aux travaux pratiques.

On peut vraiment cultiver des légumes quand on habite dans un appartement de 30 m² ?

On peut cultiver des fruits et légumes sur de minuscules surfaces. Deux bacs sur un balcon et quelques pots sur un rebord de fenêtre ou dans la cuisine permettent de belles récoltes d'herbes et de petits fruits. Si vous disposez de murs extérieurs accessibles, on peut y installer un treillage et y faire grimper des framboises ou des piments sans empiéter sur votre espace.

Mon balcon donne sur une rue passante, je fais quoi avec la pollution ?

En ville, la pollution aux particules fines est effectivement présente, mais ce n'est pas une raison pour se priver d'installer quelques bacs remplis de légumes frais. Quelques précautions à prendre si vous craignez la présence de pollution, et surtout si vous habitez au rez-de-chaussée sur une rue passante. Utilisez du terreau bien enrichi avec du compost. Plus la terre est riche, plus les légumes seront costauds. Lavez-les bien au moment des récoltes et évitez les légumes feuilles type salade ou choux plus sensibles aux particules fines. Et installez vos aromatiques dans la cuisine !

Ce n'est pas très joli les pots et les soucoupes et ce n'est pas pratique !

Si l'aspect esthétique de votre potager vous inquiète, privilégiez les plantes qui donnent de jolies fleurs avant de produire des légumes ou des fruits. Un fraisier rose ou un pot de ciboulette sont ravissants au printemps. Les agrumes sont jolis toute l'année et les herbes aromatiques telles que le thym ou le romarin forment des buissons élégants remplaçant aisément des arbustes présents plus traditionnellement sur les balcons. Côté pratique, les jardineries proposent des modèles pour tous les goûts et pour toutes les bourses, en résine, en bois, en terre cuite, sur roulettes, avec réservoir d'eau... Difficile de ne pas trouver pot à son plantoir.

Et les maladies des plantes ?

En ville, sur un balcon ou une terrasse, on pourrait imaginer que les petites bêtes sont moins présentes que dans un grand potager de campagne. C'est en partie vrai, mais bacs et jardinières ne seront pas à l'abri des limaces ou des pucerons. Il est utile alors d'avoir sous la main un ou deux produits naturels, savon noir, insecticide bio à vaporiser. Mais comme au jardin l'important reste que les plantes soient bien installées, bien arrosées et enrichies régulièrement avec de l'engrais. Elles se défendront mieux toutes seules ainsi !

Et c'est vraiment économique ?

Semez ne coûte pas cher et les jeunes plants non plus. On peut trouver des bacs très abordables et le terreau de jardin ne représente pas non plus un gros investissement. Et surtout le plaisir et la satisfaction que procure le fait de cultiver chez soi revêt une valeur unique !

Le goût est différent si je plante chez moi ?

Le fait de planter en pot sur son balcon ou dans sa cuisine ne change rien au goût des fruits et des légumes cultivés. Ce qui est différent, c'est la fraîcheur des récoltes et, non, une fraise juste récoltée n'a pas le même goût que celles achetées au marché. Et que dire des herbes fraîches. Le thym, la ciboulette ou le persil juste coupé sont plus parfumés et leurs saveurs nettement plus affirmées.

Bon jardinage !

POTAGER

mode d'emploi

Pourquoi un potager ?

Un potager dans son appartement, c'est l'occasion de partager des légumes frais, juste cueillis, avec ses enfants ou ses amis. C'est la possibilité de voir se développer des tomates au vrai goût de tomates et des fraises merveilleuses. Et en ville ou à la campagne, cultiver ses propres légumes, faire pousser ses fruits constitue un plaisir, une joie et apporte de grandes satisfactions. Bien sûr un potager dans son appart se révèle exigeant, mais pas beaucoup plus qu'en pleine terre. Jardiner en pot demande de la bonne terre, de l'eau régulièrement et de la lumière. Rien d'impossible à mettre en œuvre que l'on demeure dans un appartement sans balcon ou avec une terrasse. Des pots, grands et petits, des bacs hauts ou bas, des jardinières improvisées dans une vieille passoire ou un seau en zinc usagé, des suspensions mêlant fleurs et verveine, des treillis couverts de framboises et de mûres. Tout est possible !

Je choisis où planter

Dedans

Vous n'avez pas de balcons ni de rebord de fenêtre et vous souhaitez profiter d'herbes fraîches ou de petits fruits à aller cueillir directement sur l'arbre. Choisissez un endroit éclairé et éloigné des radiateurs ou des sources de chauffage pour installer pots et bacs. Privilégiez les jeunes pousses, les herbes et les petits fruits qui n'ont pas beaucoup d'exigences. Si l'air ambiant n'est pas trop sec, installez également des agrumes faciles comme le Kumquat. Installés dans un terreau bien riche et arrosés régulièrement, les agrumes pourront donner de bonnes récoltes.

Dehors

Minuscule rebord de fenêtre, balcon long et étroit, terrasse exposée au vent, toutes les situations peuvent permettre de faire pousser herbes, légumes et fruits moyennant quelques précautions.

Renseignez-vous déjà sur le règlement intérieur de votre immeuble. Dans certains cas, il ne vous sera pas possible d'installer de lourds bacs sur le balcon ou de suspendre des pots. Réservez les situations très ensoleillées aux légumes d'été et aux herbes aromatiques buissonnantes, telles que le thym ou le romarin. Courgettes et radis pousseront bien à mi-ombre de même que les framboisiers ou les choux. Prévoyez un accès facile à tous les contenants et si vous le pouvez, installez un endroit au sec pour y stocker votre équipement ainsi que l'arrosoir.

Je choisis les bons contenants

Déco ou pas déco

Bien choisir les pots, les bacs, les jardinières constitue une étape importante et pas si facile que cela. Le fait d'installer son potager à proximité de entraîne l'envie que l'ensemble soit joli et assorti à la déco de son intérieur. Et pourtant, c'est moins les aspects déco que ceux de fonctionnalité et surtout de poids qui devraient nous guider. En fonction des légumes et des fruits installés ainsi que de la configuration de l'espace du mini-potager, pariez sur du léger et du facile à déplacer. Préférez des contenants à poignées et investissez dans des supports plats à roulettes qui vous permettront de bouger facilement les contenants imposants.

Grand ou petit ?

Avant de choisir la taille de vos bacs, prévoyez l'emplacement de leur installation. Quelques pots accueilleront sans problèmes des herbes aromatiques, des radis, des fraises, ou des tomates cerises. Une grande jardinière pourra être convertie en potager pour choux, courgettes et laitues à couper, tandis que les mini arbres fruitiers auront besoin de plus grands pots ou bacs, au moins 50 cm de hauteur. Ayez en tête les hauteurs minimums pour bien réussir vos plantations. 10 cm sont suffisants pour les radis et les fines herbes. La plupart des autres légumes pousseront facilement dans des contenants d'au moins 30 cm de hauteur. Les aubergines et les tomates on besoin de 40 cm de profondeur tandis que les arbustes à fruits rouges nécessitent des bacs de 50 cm au moins. En revanche et c'est l'intérêt des plantations sur un balcon, même étroit, le bac peut lui-même être étroit. Pas besoin d'installer d'énormes jardinières pour réussir sa récolte de tomates.

En l'air ou sur le sol ?

Certains légumes et fruits peuvent facilement être installés dans des suspensions ou dans des bacs posés. Il peut être amusant d'installer de fines herbes dans une suspension installée sur le balcon ou dans un coin de la cuisine. Tapissez bien la suspension pour éviter les fuites d'eau si vous installez votre ciboulette dans la maison. Les petits fruits rouges, fraises et fraises des bois, les variétés mini de tomates cerises ou de poivrons peuvent également être cultivés facilement en hauteur. Cela permet également de doubler la surface d'un petit balcon étroit. Les bacs pourront abriter les choux, les laitues, les herbes aromatiques telles que le thym ou le romarin tandis que les suspensions seront réservées aux petits fruits. Les supports à pots en métal qui se fixent sur les rebords de balcon sont très pratiques et facilitent les récoltes sans avoir à se baisser. Attention néanmoins aux arrosages, qui peuvent gêner les voisins, et aux coups de vent, qui peuvent décrocher les supports et faire tomber les pots. Il convient même de vérifier les règlements de copropriété qui peuvent interdire l'accrochage, même provisoire, de supports pour plantes.

Plastique, terre cuite, textile ?

Évitez les jolis pots en terre cuite non émaillée qui se cassent facilement, sont très lourds à bouger et surtout absorbent un maximum d'humidité. Si vous préférez cette solution, dites-vous que vous devrez doubler les arrosages en été. Les bacs en résine ou en plastique sont aujourd'hui disponibles dans de nombreuses formes, tailles et motifs. Souvent ultra-légers, ils sont faciles à déplacer et peu sensibles aux coups de chaud, surtout si vous les choisissez de couleur claire. Le bois doublé de textile peut également constituer une solution et se montre bien utile lorsque l'on veut caler les bacs le long d'un mur. Il existe des modèles avec treillis incorporé qui permettent de palisser des fruits rouges, des tomates et même des courgettes ! Ces dernières années sont apparus des bacs à planter en fibre géotextile. Ils sont équipés de poignées permettant de les déplacer et existent dans de multiples tailles. L'avantage est que l'on peut plus ou moins les remplir en fonction du type de légumes recherchés et surtout qu'il n'est pas besoin de les percer pour assurer un bon drainage du contenant. Pour tous les autres pots, assurez que des trous sont percés dans le fond du bac ou du pot. Faites-en percer le cas échéant, même dans de petits pots et installez des graviers ou des débris de terre cuite avant de verser le terreau de plantation.

Et la récup ?

Les plus bricoleurs des jardiniers pourront se régaler pour installer des contenants étonnants. En l'air, des passoires en métal peuvent être équipées de chaînes et installées sur un balcon. Des petites cagettes peuvent être peintes, recouvertes de tissu géotextiles et transformées en contenants pour y faire pousser des radis, de jeunes pousses de laitue à couper ou des fines herbes. Un vieil escabeau en bois peut être fixé sur un treillage et accueillir différents pots. Les nouvelles pousses pourront être guidées vers le treillage. Des boîtes à thé en métal pourront abriter des pieds de fines herbes à installer dedans ou dehors. Il suffit de percer un petit trou dans le fond pour éviter à l'eau d'arrosage de stagner. Vous pouvez faire de même avec de grosses boîtes de conserve qui pourront être peintes avant d'être transformées en bacs à fraises ou à herbes. Une palette de bois posée verticalement et tapissée de tissus géotextile pourra également permettre de faire pousser dans l'espace ainsi formé tomates, courgettes et poivrons en hauteur. Et si vous n'avez que des bouteilles en plastique sous la main, coupez-les en deux dans l'épaisseur, peignez-les en blanc, percez quelques trous et remplissez chaque moitié de bouteille avec du terreau. Semez de jeunes pousses de moutarde, de radis ou de laitues à couper, installez de jeunes plants de ciboulette ou de cerfeuil et profitez de ces mini -mini jardinières dans la cuisine ou sur le balcon.

Je m'équipe bien

Pour jardiner efficacement dans de petits espaces, il n'est évidemment pas nécessaire de s'encombrer de gros outils. En premier lieu, choisissez des gants fins et bien adaptés à votre taille. Pour éviter ensuite d'égarer vos outils, utilisez un joli panier en osier ou en tissu, que vous pourrez déplacer facilement. Ensuite, choisissez une petite pelle ou ce que l'on appelle un transplantoir, un sécateur petit et facile à manier, et un mini râteau pour les bacs et les grandes jardinières. Équipez-vous d'arrosoirs légers, faciles à manipuler et jolis ! Adoptez les modèles à pommes fines pour les jeunes pousses et prévoyez d'en avoir plusieurs, en fonction des emplacements de vos plantations.
Si vous disposez d'un grand balcon ou d'une terrasse, pensez à l'arrosage avec l'installation d'un tuyau et d'une lance à débit multiple. Idéal pour assurer de bonnes récoltes.

Je prépare le sol

Terreau

La clé de la réussite d'un potager en pot c'est le sol, le substrat, le terreau que l'on utilise pour remplir les contenants. Choisissez le meilleur terreau possible pour potager en évitant les premiers prix. En effet, les terreaux de base sont peu équilibrés et peuvent contenir des traces de métaux lourds. Les mélanges de terreau spécial potager permettent d'installer pots et bacs sans rien ajouter. Si vous disposez d'un jardin, vous pouvez ajouter un peu de la terre de votre potager, mais pas plus de 20 %. Évitez également les terreaux spécial semis ou les mélanges à base de tourbe, qui sont trop pauvres pour autiriser une bonne croissance des légumes et des fruits. Pensez également à remplacer le terreau, par moitié tous les deux ans environ. Les légumes sont gourmands en nutriments et comme ils ont peu d'espace ils les épuisent plus rapidement qu'en pleine terre.

Culture en sac

Si vous êtes tendance jardinier « paresseux » et que l'idée même de transvaser le terreau de son sac au pot vous fatigue d'avance, cultivez vos légumes directement à même le sac de terreau. Choisissez des petits sacs par exemple, que vous percerez en croix à deux ou trois endroits. Installez vos jeunes plants dans les ouvertures et arrosez régulièrement en perçant le fond du sac. Le sac ainsi préparé peut s'installer dans un pot ou dans un bac. Ce système n'est pas très pérenne, mais cela peut permettre à de nouveaux jardiniers de tester facilement leur nouvelle passion pour le potager dans la maison.

Je choisis entre plants et semis

Rapidité

Si vous souhaitez un effet rapide sans risque, installez de jeunes plants dans vos bacs et dans vos jardinières. À partir de mars-avril, vous pourrez trouver dans les jardineries de jeunes plants déjà formés de quasiment tous les légumes. On peut trouver des mélanges qui produisent suffisamment de légumes pour préparer une soupe ou une ratatouille. Côté herbes, on peut les installer toute l'année et choisir des plants de différentes tailles. Il existe même des mélanges tout faits qu'il suffit d'installer dans les contenants adéquats. Si vous souhaitez installer des arbres fruitiers et que vous imaginez obtenir rapidement des récoltes, partez de plants et non de semis ! Les jeunes plants de fruits existent également pour différentes variétés, fraises, fraises des bois, framboises remontantes et non, mûres, cassis ou caseille.

Expertise

Les passionnés de jardinage seront ravis de pouvoir tester des semis dans des jardinières ou de grands bacs. Les semis pourront se faire dans des mini serres installées dans la cuisine ou dans la salle de bains. On utilise alors du terreau très léger et on n'oublie pas de conserver les étuis de chaque variété au bout de chaque rang. Après quelques semaines, selon les variétés de légumes, les jeunes plants pourront être repiqués, dedans ou dehors. Les semis d'herbes, de laitues à couper, de radis, de moutarde, de tomates ou de courgettes sont faciles à réussir. C'est même l'occasion d'initier les plus jeunes au plaisir du potager.

Je chouchoute mes plantes

Bonne conduite

Pour obtenir de beaux et bons légumes et fruits, il n'est pas inutile d'enrichir le sol de temps en temps. Quel que soit l'engrais utilisé, respecter quelques règles simples permet d'éviter d'en utiliser trop ou trop peu. Procédez toujours par temps humide sur une terre humide également. Si la surface du pot ou du bac est sèche, n'hésitez pas à arroser. Évitez d'ajouter de l'engrais juste après l'installation des jeunes plants. Attendez trois semaines environ. Et enfin, surtout en été et par temps très chaud, évitez l'application d'engrais, liquide ou solide.
Le bon rythme pour apporter de l'engrais aux légumes, c'est toutes les semaines, surtout pour les gourmands d'été que sont par exemple les tomates ou les poivrons. Vous pouvez en revanche faire des économies en n'ajoutant aucun engrais aux herbes aromatiques, toutes très frugales. La règle générale étant qu'il vaut mieux ajouter moins d'engrais que nécessaire, plutôt que l'inverse. Les surdosages peuvent griller les feuilles et faire pourrir les herbes aromatiques (le basilic et le persil plat y sont sensibles).

Solide ou liquide ?

Les engrais pour légumes et fruits du commerce sont bien équilibrés dans les nutriments nécessaires à la bonne croissance des feuilles et des fruits. Les versions liquides sont faciles à mesurer et s'ajoutent directement dans l'arrosoir. Prédilués, ils se dissolvent rapidement dans le terreau et permettent aux légumes de pousser rapidement. Les engrais solides en granulés ou en poudre mettent beaucoup de temps à être incorporés dans le terreau de plantation et nécessitent souvent que l'on griffe la surface des bacs et des pots déjà bien remplis par les végétaux. Donc dans la configuration d'un mini potager, dehors comme dedans, on opte plutôt pour un bon engrais liquide bio, que l'on garde à portée d'arrosoir.

Engrais maison

On recommande parfois d'utiliser du marc de café, ou l'intérieur des sachets de thé pour remplacer des engrais. Attention, car ces produits n'ont pas fait la preuve de leur efficacité et ils peuvent transmettre leur goût à certains légumes.

Insectes utiles

Pour obtenir un potager sain et qui se défend tout seul contre les envahisseurs, favorisez la présence des insectes utiles, notamment pour la pollinisation, en installant quelques plantes qui les attireront dans votre mini paradis. Pour assurer la présence d'abeilles, de papillons ou encore de syrphes, sorte de guêpe rayée inoffensive et très utile, car elles pollinisent et elles mangent les pucerons, installez des crocus, un pied de lavande, du fenouil, et en règle générale toutes les fleurs de printemps. Et si vous avez un peu de place, installez un buddleia blanc ou bleu dans un grand pot. Cet arbuste pousse sans entretien et se couvre de papillons dès le début du printemps.

J'arrose comme il faut

Arrosoir

Pour de belles récoltes, rien de plus important que de bons arrosages, réguliers et bien calibrés. Tour de piste des bonnes méthodes, que votre potager soit installé dedans ou dehors. Si vous le pouvez et que vous avez de la place, récupérez en priorité de l'eau de pluie, même en ville. Cette eau est plus douce que l'eau de ville souvent très calcaire. Si vous n'y avez pas du tout accès, remplissez votre arrosoir et n'arrosez pas tout de suite. Attendez quelques minutes pour permettre l'évaporation du chlore et le dépôt du calcaire dans le fond de l'arrosoir (que l'on pourra ensuite nettoyer avec du vinaigre blanc). Utilisez des arrosoirs légers avec des pommes à jet fin pour arroser avec délicatesse, surtout les jeunes pousses. Prévoyez plusieurs arrosages par jour en été s'il fait chaud !

Bouteille

Les bouteilles en plastique peuvent être recyclées en arrosoirs bien pratiques. Vissez des cônes d'arrosage à la place du bouchon. On les trouve très facilement dans les jardineries et ils sont universels. Enfoncez la bouteille de façon à ce qu'elle tienne bien. Découpez le fond de la bouteille et remplissez-la. Le tour est joué et le contenant sera régulièrement arrosé.

On peut aussi peindre les bouteilles en vert pour les rendre invisibles au milieu des bacs. Des mini bouteilles de 50 ou 33 cl peuvent également être utilisées pour de plus petits pots placés en intérieur.

Goutte à goutte

Sur de longs balcons ou une terrasse, il peut être intéressant d'installer un arrosage automatique à partir de petits asperseurs fonctionnant en goutte-à-goutte de pot en bacs. Ces systèmes peuvent également convenir en intérieur. Un minuteur installé sur le robinet d'eau permet de réguler les phases d'arrosage. Bien pratiques, ces systèmes nécessitent néanmoins de maintenir les arrivées d'eau ouvertes et avec elles les risques d'inondation chez vous et chez le voisin. Dans tous les cas, testez l'installation quelques jours avant de la mettre en route définitivement.

Réservoir

Certains bacs et jardinières disposent de réservoir d'eau. On les remplit et ils se vident au fur et à mesure, permettant à la terre de culture et aux herbes, légumes et fruits de ne pas sécher. On évite ainsi l'ajout de coupes et coupelles sous les pots. En été cela peut être insuffisant et il faudra compléter par des arrosages fins au pied des plantes, mais c'est bien pratique surtout en intérieur. Ce type de bac est plus facilement déplaçable que des pots et leurs coupes.

Coupes

Qui dit bon drainage dit eau en surplus s'écoulant sans souci. C'est pour cela que l'on recommande de disposer des coupes ou coupelles sous les pots.

En terre cuite, ces coupes absorbent le trop-plein d'eau et peuvent le restituer en cas de coup de chaud. En plastique ou en résine, l'eau en trop s'évapore juste dans l'air. Si vous utilisez des contenants bas, petits ou grands, faites-en sorte de vider les coupes trop pleines.
Attention, laissez la base des pots immergés dans l'eau peut favoriser l'apparition de parasites et de champignons.

Absence

Et oui nous ne sommes pas toujours à la maison et que ce soit pour l'entretien de plantes vertes, de fruits ou de légumes, quelques mesures simples à côté d'un système d'arrosage s'imposent pour protéger les prochaines récoltes.
En intérieur, placez les bacs et pots dans la pièce la plus humide de la maison.
Dehors déplacez-les si c'est possible à l'ombre, couvrez les plants en plein soleil d'un voile de protection ou de feuilles de papier journal humidifié. Profitez-en pour couper les vieilles feuilles des légumes.
Les jeunes pousses profiteront mieux de l'humidité et des arrosages.
Le système des bouteilles en plastique (voir plus haut) est le plus simple et le plus sûr à mettre en place dedans, comme dehors.

Je fais attention aux maladies

Oïdium

Quel que soit le mode de culture, parasites et autres champignons adorent dévorer les jeunes pousses de légumes. Cultiver à l'intérieur ne change rien à l'affaire. Lorsque vous plantez serré dans des bacs, que ce soit en intérieur ou en extérieur, si vous voyez apparaître un film blanc neigeux sur les feuillages, c'est que l'oïdium a commencé à se propager. La présence de ce champignon est signe de confinement, de trop d'humidité, de manque de circulation d'air frais. Il va s'attaquer en priorité, aux courgettes, aux aubergines et aux tomates. Il ne va pas tuer les plantes, mais les affaiblir. La solution : coupez les parties de feuillage atteintes, éclaircir les plantations trop serrées et surtout évitez les trop pleins d'eau dans les coupes ou les réservoirs d'eau.

Pourriture

Tous les légumes et fruits peuvent être attaqués. Les tomates deviennent noires, les choux également. Le thym dépérit ! La cause ? Pas assez de drainage des pots et des bacs. L'eau d'arrosage ou de pluie ne s'écoule pas assez et les légumes souffrent.
La solution, drainer, drainer, drainer.
Changez les pots si nécessaire et n'oubliez pas de percer les pots et de disposer un lit de gravier dans le fond.

Cochenilles

Ce minuscule insecte est le principal ennemi des agrumes, surtout installés en intérieur.
Elles adorent les airs humides et confinés.
Elles forment des masses blanches sur les feuilles. On peut aussi repérer leurs dégâts si vous voyez apparaître des voiles noirs sous les feuilles. Il s'agit de la fumagine, sorte de miellat d'insectes dont celui produit par les larves de cochenilles. Premier geste, nettoyez les revers de feuilles avec de l'eau savonneuse (savon noir) et une éponge propre. Écartez les plantes de façon à ce qu'elles ne se touchent plus. Vaporisez régulièrement de l'eau enrichie de savon noir en plaçant une grande toile au sol, pour éviter de faire des tâches sur vos parquets ou tapis.

Pucerons

Très voraces, les pucerons s'attaquent à tous types de jeunes pousses. Si vous avez de la place, installez des capucines, dans une jardinière ou en grimpant. Elles attirent les pucerons qui seront ainsi détournés des plantations potagères. N'oubliez pas également les coccinelles, dont on peut installer une colonie même dans un tout petit espace et qui adorent dévorer les pucerons. Les pulvérisations d'eau tiède savonneuse peuvent également être utiles contre les pucerons. Pratiquez-les hors des jours de pluie et en protégeant vos sols.

Limaces

Moins présentes en ville qu'à la campagne, les limaces peuvent néanmoins dévorer les jeunes pousses de laitue et celles de choux. Lutter contre leur présence peut se faire en les retirant une par une, c'est plus simple à faire dans un petit potager que dans un grand jardin et le cas échéant d'utiliser des produits type Ferramol, non toxiques pour les animaux domestiques et très efficaces sur de petites surfaces.

Chenilles

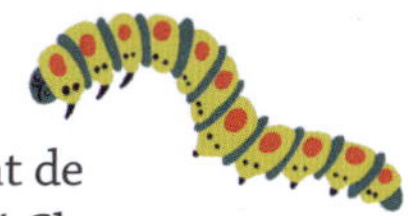

Il existe quasiment autant de chenilles que de légumes ! Choux, carottes, pois... peuvent en être les victimes. Si vous en repérez quelques-unes, jetez-les bien sûr, en les manipulant avec des gants pour éviter d'éventuels effets urticants. Utilisez ensuite des insecticides naturels et renforcez les défenses des légumes en soignant bien le terreau de plantation.

Je gère les contraintes

Sécheresse

Cultiver des légumes et des fruits en pots, dans sa cuisine ou son balcon n'est pas exempt de contraintes. Si vous plantez en intérieur, car vous n'avez aucun espace pour installer vous serez vite confrontés à la sécheresse de l'air dans votre habitation. Installez vos pots et vos bacs dans les pièces les plus humides de la maison, salle de bains ou cuisine. C'est la seule solution pour éviter que les jeunes plants ne souffrent trop de l'air ambiant. On peut également accompagner les plantations potagères de quelques pots de plantes vertes favorisant la production de vapeur d'eau et d'humidité, telles que les gerberas, le dieffenbachia ou les fougères. Faites également en sorte d'avoir toujours à portée de mains, un arrosoir et surtout un vaporisateur rempli d'eau, si possible provenant des pluies extérieures.

Soleil

Si votre intérieur est orienté plein sud ou sud-ouest, le risque est important de faire face à un ensoleillement important. La plupart des légumes apprécient le soleil et le supportent très bien. En revanche, l'ensoleillement peut provoquer la hausse importante des températures des revêtements des contenants. Un bac en zinc peut devenir brûlant, de même que des pots en résine ou en plastique de couleur foncée. Si c'est votre cas, préférez des bacs ou des pots en bois, ou de couleur claire, qui absorberont moins les rayons du soleil. Si votre balcon ou rebord de balcon est protégé par celui de l'étage supérieur, pensez arrosage très régulier. Le mariage rayons du soleil et absence de pluie est rarement bon pour la croissance des potagers. On pense arrosoir et bac de récupération de l'eau de pluie, si vous en avez la place.

Ombre

Votre intérieur est orienté au nord ou à l'est, et le soleil y pénètre peu sauf durant quelques semaines en été ? l'ombre n'est pas la meilleure amie des potagers, mais certains fruits et légumes ont moins besoin de soleil que les autres. Herbes, laitue, fraises ou même courgettes pousseront correctement, surtout si vous les installez dans un terreau enrichi et que vous les arrosez bien.

Vent

Vous habitez en hauteur et votre potager est installé en partie sur votre balcon ou une terrasse ? Le vent devient alors une vraie contrainte. Premier repérage, d'où vient-il ? Si vous êtes exposés aux vents d'est et du nord, le vent glacé peut faire geler en une nuit des légumes frileux, même en pleine ville. Protégez les bacs et jardinières avec des voiles de forçage. Les vents d'ouest sont chargés d'humidité et souvent de pluie. Profitez-en pour recueillir cette eau précieuse. Si votre balcon est exposé aux vents du sud, il peut sécher les jeunes plantations, surtout les jeunes laitues. Pensez à les arroser régulièrement et surtout en cas de vent. Dans tous les cas, lorsque le vent souffle très fort, il peut renverser des pots ou des bacs avec de jeunes plants. Ce n'est pas irréversible, mais désagréable. Pour l'éviter et que vous ne pouvez pas fixer vos contenants, n'installez pas de grands bacs dans les courants d'air, mais plutôt adossés à des cloisons ou des murs de séparation. Les jardinières basses, elles, risquent moins de basculer et permettront de faire pousser herbes, laitues à couper ou aromatiques sans risque. Autre solution si votre situation est venteuse, tapissez les murs et les séparations de claustra et reliez les contenants à ces panneaux. Cela vous permettra aussi de faire pousser facilement des framboises, du romarin ou des tomates cerises.

Oiseaux

En ville ou à la campagne, en hauteur ou pas, les oiseaux sont présents partout. On les aime bien sûr et on n'hésite pas à installer des nichoirs pour leur permettre de s'installer confortablement, mais certains d'entre eux, les pigeons ou les merles peuvent faire beaucoup de dégâts dans de belles jardinières fraîchement installées. Pour faire face, une seule solution, installez un filet sur les jeunes plantations et les cultures qu'adorent les oiseaux, fraises, choux ou laitues à couper.

Pollution

Un des obstacles au désir d'installer un potager sur un balcon est le risque de consommer des fruits et légumes pollués. Le risque n'est pas moindre lorsque l'on installe des pots dans sa cuisine ou sa salle de bains, tant on sait aujourd'hui que la pollution à l'intérieur des habitations peut se révéler importante. A l'intérieur, on installe des plantes vertes dépolluantes, comme les lierres, les kentias, le spathiphyllum ou le dracaena à côté des pots et des différents contenants. Sur le balcon ou sur sa terrasse, on lave bien tous les légumes et fruits avant de les consommer, exactement comme lorsque vous cultivez un potager dans un jardin. On peut également semer des fleurs hautes et légères comme les lavatères ou les cosmos autour des jardinières de façon à piéger les éléments polluants avant qu'ils n'atteignent vos cultures basses.

Sélection de légumes, herbes et fruits à choisir sans se prendre la tête

Pour les impatients

Les laitues à couper
Les radis
La ciboulette
La menthe
Le persil
La coriandre
Le cerfeuil
L'estragon
La courgette
La moutarde
L'aneth
Le basilic

Pour la culture à mi-ombre

Les laitues à couper
La moutarde
La coriandre
La menthe
Le persil
La framboise
Le radis
La fraise
Le cerfeuil
La ciboulette

Pour un balcon plein soleil

L'aubergine
La tomate
Le poivron
Le piment
Le thym
La sarriette
Le romarin
Le basilic
La fraise

Pour des pots peu profonds

Les radis
Les laitues à couper
Le pourpier
Le basilic
Le persil
La ciboulette
La sauge
La menthe
La moutarde
La coriandre
L'aneth
Laurier-sauce

Pour les amoureux des herbes faciles

Thym
Romarin
Sarriette
Origan
Sauge

HERBES

aneth

Je le cultive

L'aneth est une plante annuelle aromatique facile à cultiver et son délicieux parfum anisé donne beaucoup de saveurs aux poissons ou aux légumes. Son feuillage très découpé et élégant se déploie autour des ombelles portant des graines.

Comment je le cultive ?

Pour obtenir une récolte d'aneth intéressante, réservez-lui une jardinière entière ou un grand pot, car ses tiges sont très fines. Si vous trouvez de jeunes plants, installez-les dans des pots d'environ 20 à 30 cm de hauteur. Installez les godets dans le terreau en laissant 10 à 15 cm entre chaque plant, tassez légèrement et arrosez bien sans noyer la plante. L'aneth peut également se semer. C'est très facile et inratable. Préparez une jardinière avec du terreau et semez les graines en les enfonçant légèrement. Vous pouvez le faire dès le mois de février. Disposez la jardinière ou le pot dans un endroit ensoleillé et arrosez légèrement lorsque la surface est sèche. Lorsque vous voyez apparaître les jeunes plants, enlevez-en quelques-uns pour permettre de belles récoltes. L'aneth pousse vite, surtout si vous l'arrosez régulièrement. La plante peut en revanche atteindre 1 mètre de hauteur. À prendre en considération lorsque vous l'installez dans votre cuisine. L'intérêt de cette plante aromatique est qu'elle ne se taille pas et qu'elle n'a pas besoin d'engrais pour bien prospérer.

Lequel choisir ?

L'aneth commun est l'aneth officinal. À côté de cet aneth commun que l'on peut trouver en plant, semez l'aneth Brevi au goût très prononcé, le Tera goldkrone qui a un bon rendement et pousse tard en saison ou encore les variétés Fernleaf ou Ella, au port très compact, parfaites pour la plantation dans des petits pots.

Avec quoi je le plante ?

N'installez pas l'aneth à côté d'autres herbes aromatiques parfumées, comme la coriandre, car vous risquez d'avoir des croisements de pollinisation donnant des plantes au goût moins intéressant. Comme l'aneth forme des bouquets très décoratifs, plantez-le tout seul.

Comment je le récolte ?

L'aneth peut se récolter sous deux formes. 2 à 3 mois après le semis, les feuilles peuvent être coupées et utilisées immédiatement en cuisine ou alors congelées, petit bouquet par petit bouquet. C'est d'ailleurs un bon moyen de disposer d'aneth maison frais toute l'année. Autre récolte après floraison, les graines des fleurs, une fois séchées, peuvent être utilisées pour des tisanes, des sauces ou en complément dans les currys.

Astuce

L'aneth est une plante mellifère qui attirera papillons et coccinelles sur votre balcon. Autant en installer dedans et dehors !

aneth

Je le cuisine

SALADE DE CONCOMBRE ET YAOURT

Découpez **1 concombre frais** en fines tranches et disposez-le dans une passoire avec **une pincée de gros sel**. Mélangez **150 g de yaourt à la grecque nature**, le jus d'**un demi-citron jaune**, du **sel**, du **poivre**. Ciselez **quelques branches d'aneth** fraîchement cueillies, et ajoutez à la préparation. Rincez les concombres et ajoutez-les à la sauce au yaourt. Servez avec **un brin d'aneth frais** !

SOUPE VERTE AU PAPRIKA

Découpez **1 poireau**, **1 courgette** et **4 grosses pommes de terre** en gros morceaux. Faites revenir quelques minutes dans **1 cuillère à soupe d'huile d'olive**, couvrez d'eau et ajoutez **un cube de bouillon de légumes** et du **paprika**. Cueillez **quelques branches d'aneth frais** et mettez-les directement dans la casserole. Laissez cuire jusqu'à ce que les légumes soient tendres. Mixez le tout. Décorez avec **une belle branche d'aneth**, eh oui, en toute saison, épatez vos invités !

SALADE DE POMMES DE TERRE SUÉDOISE

Faites cuire **400 g de pommes de terre**. Épluchez-les et détaillez-les en rondelles, réservez. Dessalez **300 g de haddock** dans une casserole de **lait** chaud pendant environ 30 minutes, laissez les morceaux se détacher. Coupez en cubes **200 g de betteraves** et **un demi-oignon rouge**. Mélangez **3 cuillères à soupe de crème fraîche**, **2 cuillères à soupe de jus citron**, **1 cuillère à soupe de mayonnaise** et **de moutarde**, **du sel**, **du poivre** et **quelques branches d'aneth frais** ciselées. Réunissez le tout dans un grand saladier et servez avec **de l'aneth frais** !

Cabillaud et pommes de terre

Faites cuire **200 g de cabillaud** au court-bouillon dans une casserole d'eau bouillante avec **un cube de bouillon de légumes**, durant 20 minutes. Faites cuire **400 g de pommes de terre** dans de l'eau bouillante salée. Épluchez les pommes de terre. Faites revenir **1 échalote** coupée en rondelles dans **1 noix de beurre**. Ajoutez **10 cl de crème fraîche**, **1 cuillère à soupe de jus de citron**, **du sel**, **du poivre**, et **quelques branches d'aneth frais**. Servez sur le cabillaud chaud avec les pommes de terre, sans oublier vos belles branches d'aneth fraîchement cultivé chez vous !

Tartine de tartare de saumon et pomme

Détaillez en très petits cubes **160 g de saumon fumé** et **1 pomme Granny Smith**. Arrosez-les avec **1 cuillère à soupe de jus de citron**. Découpez en triangles **3 belles tranches de pain de seigle**. Mélangez **100 g de fromage frais** avec **quelques branches d'aneth frais** ciselé. Tartinez les tranches de pain et disposez le tartare dessus. Décorez avec **de l'aneth frais** !

Tarte aux asperges et saumon

Vous avez un peu trop d'aneth dans votre jardin d'intérieur ? Voici une recette, facile à faire et à congeler, pour utiliser quelques branches ! Foncez un moule à tarte avec un rouleau de **pâte feuilletée**. Lavez et épluchez **une botte d'asperges blanches**. Faites-les blanchir 2 minutes dans l'eau bouillante salée. Découpez **2 filets de saumon** en cubes de taille moyenne. Fouettez **3 œufs** avec **15 cl de crème fraîche liquide**, **de l'aneth frais** ciselé, **du sel** et **du poivre**. Sur le fond de tarte, disposez les asperges coupées en deux, les morceaux de saumon et recouvrez de l'appareil à tarte. Enfournez 25 à 30 minutes dans un four préchauffé à 180 °C. Dégustez ou découpez votre tarte et congelez-la. Pour la décongeler, mettez-la simplement 15 minutes au four à 180 °C, directement sortie du congélateur.

Je le cuisine

basilic

Je le cultive

Le basilic est une plante aromatique très populaire qui a besoin de soleil et d'humidité. Originaire des zones tropicales, cette plante est souvent plus facile à cultiver en pot qu'en pleine terre. Autant en profiter pour découvrir la palette de ses variétés.

Comment je le cultive ?

Préférez la plantation en pot plutôt qu'en graines. Les récoltes seront plus rapides ! Prévoyez un emplacement bien éclairé et abrité des courants d'air, dedans ou dehors. Si vous installez le basilic sur un balcon, choisissez un coin très ensoleillé et surtout bien protégé des coups de froid.

Installez les plants de basilic dans des pots de 15 à 20 cm de hauteur avec une couche de gravier pour drainer et un bon terreau de jardin enrichi. Arrosez et tassez un peu la terre autour du plant. Installez une coupelle sous les pots, car il faut arroser souvent le basilic et le drainage doit être efficace. Afin de favoriser la croissance du basilic, pincez une fois par semaine l'extrémité des tiges pour permettre une division des jeunes pousses. Arrosez le basilic au moins une fois par semaine et évitez de mouiller le feuillage. Il n'est pas nécessaire d'ajouter de l'engrais durant la période de croissance de la plante.

Lequel choisir

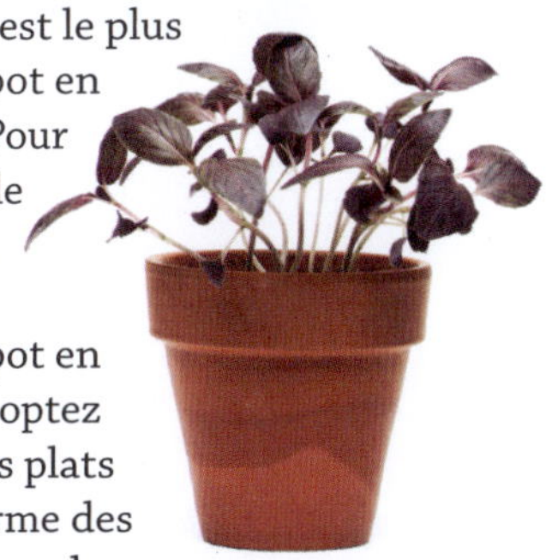

Le basilic à grandes feuilles est le plus couramment vendu. Il pousse bien en pot en intérieur ou sur un balcon ensoleillé. Pour diversifier les plantations, optez pour le basilic pourpre à petites feuilles au goût plus épicé que son cousin à feuilles vertes. À réserver à la culture en pot en intérieur, car il est très sensible au froid, optez pour le basilic thaï, parfait avec tous les plats asiatiques. Le basilic vert à petites feuilles forme des boules ravissantes et très décoratives dans un bac ou une jardinière. Et poursuivez l'expérience avec du basilic citron ou du basilic anis, délicieux pour accompagner les poissons.

Avec quoi je le plante

Le basilic peut se planter avec d'autres herbes aromatiques ayant besoin d'être régulièrement arrosées. Ciboulette, coriandre, ou estragon peuvent l'accompagner. Vous pouvez également rassembler différentes variétés de basilic dans une jardinière et les faire tester à vos convives.

Comment je le récolte

Le basilic bien entretenu et bien arrosé peut donner des récoltes tout au long de l'année. Privilégiez les feuilles les plus anciennes sur le plant et détachez-les délicatement à la main. Si vous avez besoin de plus grandes quantités, coupez une tige en laissant des départs de feuilles au plus près de la motte. Évitez de couper tout le plant d'un coup, cela risque de bloquer la repousse des feuilles.

Astuce

Le basilic est utilisé également pour ses capacités à repousser les moustiques. Une occasion de plus pour en installer de nombreux pots dans la cuisine et pourquoi pas à l'entrée de la maison.

basilic

Je le cuisine

COMPOTÉE DE TOMATES

Savourez les plaisirs du basilic frais dès l'apéritif avec cette petite compotée. Émincez **1 petit oignon**, faites-le revenir dans une poêle à feu moyen. Coupez **5 tomates** en cubes. Baissez le feu et ajoutez les tomates. Salez, poivrez et laissez compoter une dizaine de minutes. Ciselez les **feuilles de basilic** et poursuivez la cuisson encore 5 minutes. Servez sur **des tranches de pain grillées** avec **un peu de jambon cru** !

PIZZA COURGETTES ET MOZZARELLA

Qui a dit que la pizza ne pouvait pas se montrer un peu plus "healthy" ? Coupez en rondelles **1 courgette** et **1 boule de mozzarella**. Étalez **1 pâte à pizza** maison ou du commerce. Tartinez de **3 cuillères à soupe de crème fraîche**. Ciselez quelques **feuilles de basilic** et répartissez. Disposez les rondelles de courgettes et de mozzarella sur la pâte, enfournez dans un four préchauffé à 210 °C, 30 à 45 minutes. Servez avec **quelques feuilles de basilic** en décoration et **de la roquette**.

LE PESTO

Saviez-vous que ce condiment, tout droit venu du nord-ouest de l'Italie, est traditionnellement préparé dans un mortier ? Réalisez-le comme au XIXe siècle ! Déposez dans un mortier **quelques feuilles de basilic**, **une poignée de pignon de pin**, **une gousse d'ail** épluchée et **une cuillère à soupe de parmesan**. Pilez, avec un peu d'huile de coude ! Liez le tout avec de l'**huile d'olive**. Servez avec des tagliatelles fraîches !

Gaspacho au piment d'Espelette

Revisitez ce potage d'été andalou avec des saveurs basques, tout en profitant de la fraîcheur du basilic frais ! Coupez grossièrement **4 tomates** et **½ concombre**. Émincez **1 gousse d'ail** et faites-la revenir à feu doux dans **un filet d'huile d'olive**. Ajoutez les tomates. Broyez **1 petit piment d'Espelette séché**. Mixez le tout avec **2 cuillères à soupe de vinaigre balsamique** et **1 cuillère à soupe d'huile d'olive**. Salez et poivrez au besoin. Laissez reposer 30 minutes au frigo. Savourez sous le soleil !

Risotto verde

Continuons ce petit tour d'Europe des saveurs avec un plat typiquement italien, twisté avec des légumes verts ! Épluchez **6 asperges vertes**, coupez-les en tronçons de 2 cm jusqu'aux pointes. Écossez **200 g de petits pois**. Faites cuire le tout dans de l'eau bouillante salée 10 minutes. Égouttez, réservez. Faites revenir **150 g de riz à risotto** dans **une noisette de beurre** 2 à 3 minutes. Ajoutez au fur et à mesure **500 ml de bouillon de légumes**. Laissez absorber à feu doux et remuez de temps à autre. En fin de cuisson, ajoutez les légumes, **du parmesan**, **quelques feuilles de basilic ciselées** et parsemez de **sésame**. Décorez avec **du basilic frais** !

Panna cotta fraise

Plongez 1 **feuille de gélatine** dans de l'eau froide pour la ramollir. Portez à ébullition **25 cl de crème fraîche liquide entière** avec **25 g de sucre en poudre** et **quelques feuilles de basilic** fraîchement coupées. Retirez du feu dès l'ébullition, ajoutez la gélatine bien égouttée et fouettez vigoureusement. Versez dans des verrines. Laissez prendre toute une nuit. Lavez et coupez **10 fraises** en morceaux, faites-les revenir à feu doux avec **1 cuillère à soupe de miel** et **quelques feuilles de basilic** ciselées. Écrasez jusqu'à obtention. Versez sur les crèmes, ajoutez des miettes de biscuits et **une demi-fraise**.

Je le cuisine

cerfeuil

Je le cultive

Cette herbe aromatique au goût très frais se sème et lève rapidement. De quoi jouer au jardinier avec grands et petits. Le cerfeuil accompagne les sauces, les vinaigrettes et les soupes. Ne nous en privons pas.

Comment je le cultive ?

Le cerfeuil commun peut s'acheter en plants ou en graines. Les semis sont quasiment inratables, on peut

donc les tenter sans risque en intérieur ou sur son balcon. Le cerfeuil aime la mi-ombre ou le soleil et surtout l'humidité. Un peu frileux, protégez-le si vous le plantez en extérieur. Installez les plants dans des pots de 15 à 20 cm de hauteur. Tassez légèrement la terre autour du plant et arrosez bien. Laissez environ 10 à 15 cm entre deux plants. Si vous avez opté pour le semis, remplissez une jardinière drainée avec du terreau. Semez les graines, recouvrez-les légèrement et arrosez délicatement. Lorsque les graines auront levé, éclaircissez-les en conservant un futur plant tous les 10 cm. Arrosez toutes les semaines pots et jardinières, car le cerfeuil aime les terres légères et humides.

Lequel choisir ?

Il existe peu de variétés de cerfeuil en dehors du cerfeuil commun. Vous pouvez trouver le cerfeuil musqué, qui se révèle une herbe aromatique vivace très parfumée et dont on peut consommer les graines, les feuilles et également la racine, comme un légume. Les pépiniéristes proposent parfois du Cerfeuil frisé, plus compact que la variété commune, mais également moins parfumé.

Avec quoi je le plante ?

Le cerfeuil forme de belles touffes que l'on peut marier sans souci avec des radis rouges longs ou ronds, ou bien encore des laitues à couper. S'il est planté en extérieur, installez-le à l'ombre de plus grands plants, comme ceux de tomates cerises, qui limiteront sa montée à graines.

Comment je le récolte ?

Le cerfeuil semé pourra être récolté 6 à 8 semaines après avoir été installé. Prélevez les tiges les plus hautes avant qu'elles ne fleurissent, sauf si vous souhaitez récolter les graines. Cessez d'ailleurs de le récolter lorsque les ombelles se développent, car le feuillage perd de son goût et a tendance à jaunir. Semez le cerfeuil plusieurs fois dans l'année pour profiter des jeunes feuilles et utilisez rapidement cette herbe parfumée pour profiter de tous ses arômes.

Astuce

Le cerfeuil ne se conserve pas très bien et perd rapidement ses parfums. Une raison de plus de le semer en plusieurs fois.

cerfeuil

Je le cuisine

BOULETTES DE VIANDES SAUCE TOMATE ET RIZ

Émincez **1 oignon**, faites-le revenir à feu moyen vif dans **un filet d'huile d'olive**. Mélangez **250 g de viande de bœuf hachée**, **1 jaune d'œuf**, **1 cuillère à café de paprika**, **quelques feuilles de cerfeuil ciselées**, **du sel** et **du poivre** et l'oignon cuit. Formez des boulettes. Faites-les cuire avec **3 cuillères à soupe d'huile d'olive** à feu vif une dizaine de minutes. Ajoutez **de la sauce tomate,** faite maison ou du commerce. Servez avec **du riz thaï** et **du cerfeuil frais** !

PURÉE AU CERFEUIL

Faites cuire **500 g de pomme de terre** dans de l'eau bouillante salée pendant environ 30 minutes. Égouttez, épluchez et réduisez en purée à l'aide d'un presse-purée ou d'un robot. Dans un saladier, mélangez **125 ml de lait chaud** (vous pouvez varier les saveurs en prenant du lait de chèvre !) et **20 g de beurre** avec les pommes de terre. Ciselez **quelques feuilles de cerfeuil**, ajoutez et mélangez bien à la purée. Servez en accompagnement d'un poisson blanc ou avec une sauce aux champignons !

VELOUTÉ DE CAROTTES

Épluchez et coupez grossièrement **500 g de carottes**. Faites-les revenir quelques minutes dans **un filet d'huile d'olive**. Ajoutez **½ l de bouillon de légumes**, poursuivez la cuisson jusqu'à ce qu'elles soient fondantes. Mixez avec **5 cl de lait**, **15 g de fromage frais** et **quelques feuilles de cerfeuil**, ajustez en fonction afin que le velouté ne soit pas trop liquide. Servez avec un œuf à la coque et des tartines de pain complet pour un repas d'hiver complet !

Galettes de quinoa et chèvre

Faites cuire **75 g de quinoa** 10 minutes dans de l'eau bouillante salée, égouttez et réservez. Pelez et hachez finement **1 gousse d'ail, 1 bouquet de cerfeuil** et **quelques feuilles de persil plat**. Coupez en cubes **50 g de fromage de chèvre**. Mélangez **1 œuf** avec le quinoa, l'ail, les herbes, **1 pincée de paprika**, **1 cuillère à soupe de farine**, **du sel** et **du poivre**. Formez des galettes et faites cuire à feu moyen vif 5 minutes de chaque côté. Aussi bonnes chaudes que froides, ces petites galettes seront parfaites pour vos pauses déjeuner sur le pouce avec des carottes râpées.

Clafoutis de légumes d'hiver

Émincez **1 oignon**. Pelez et coupez en rondelles **1 navet**, **1 carotte** et **2 pommes de terre**. Hachez **quelques feuilles de cerfeuil**. Fouettez **2 œufs** avec **75 g de farine**. Ajoutez **125 ml de crème fraîche liquide**, **125 ml de lait**, le cerfeuil, **du sel** et **du poivre**. Disposez les légumes dans un plat beurré et recouvrez de l'appareil à clafoutis. Enfournez à 180 °C pour 45 minutes. Servez avec **quelques feuilles de cerfeuil frais**, son goût légèrement anisé ravira vos papilles !

Moules à la crème

Lavez et rincez deux fois **1,5 kg de moules**, égouttez et réservez. Dans une marmite, faites fondre **1 oignon** émincé dans **5 g de beurre**. Ajoutez **10 cl de vin blanc** et les moules, couvrez et laissez cuire 5 min à feu vif. Dans une autre casserole, portez à ébullition **20 cl de crème fraîche** avec **5 branches de cerfeuil frais** et le jus de **½ citron**. Laissez réduire 10 minutes. Incorporez la crème aux moules, décorez avec **du persil plat** et dégustez le parfait alliage du goût iodé et des saveurs anisées.

Je le cuisine

ciboulette

Je la cultive

La ciboulette est une plante vivace aromatique particulièrement facile à cultiver en pot, en intérieur comme en extérieur. Tout se consomme dans cette plante super facile, les tiges comme les fleurs. On peut d'ailleurs la cultiver pour son goût ou pour l'élégance de ses petites fleurs.

Comment je la cultive ?

La ciboulette est l'une des plantes les plus faciles à cultiver en intérieur ou sur un rebord de fenêtre. Installez les plants dans de grands bacs ou des pots individuels, pratiques pour les installations dans la cuisine. Drainez bien les pots en ajoutant une couche de gravier avant de les remplir de terreau. Creusez un trou légèrement plus grand que le plant, disposez la plante au centre du trou, tassez légèrement la terre et arrosez copieusement. Attendez deux à trois semaines avant de commencer les récoltes et arrosez ensuite une fois par semaine.
Taillez la ciboulette pour favoriser la pousse de jeunes tiges bien tendres. En été, si la ciboulette souffre de la sécheresse, coupez les pieds au ras et arrosez-les bien pour qu'ils repartent de plus belle ! Plus on coupe, plus la ciboulette se développe.

Laquelle choisir ?

La ciboulette classique produit des fleurs de différentes couleurs, du rose pâle au violet foncé. Le goût, en revanche, reste le même. Vous pouvez également installer de la ciboulette chinoise, plus proche de l'oignon que les autres ciboulettes, à la saveur plus douce et aux fleurs blanches.

Avec quoi je la plante ?

La ciboulette peut se planter avec d'autres herbes aromatiques comme le persil plat, le basilic, la menthe ou encore la sauge. Autre idée, profitez des couleurs différentes des fleurs pour créer des effets de massif dans des jardinières ou de gros pots.

Comment je la récolte ?

Coupez la ciboulette au fur et à mesure de vos besoins. Il vaut mieux couper quelques tiges à la base du pied plutôt que de couper les tiges à moitié. Si vous laissez fleurir les tiges, elles auront tendance à durcir et seront moins goûtues. Prévoyez environ une dizaine de pieds pour une famille de 4 personnes. Cela permettra de disposer de ciboulette pour toutes sortes de préparations et quasiment tout au long de l'année.

Astuce

Si vous oubliez de couper les tiges de ciboulette, ce n'est pas grave, utilisez les bourgeons et les fleurs de ciboulette comme les tiges. Ils sont délicieuses.

ciboulette

Je la cuisine

Œufs brouillés

Quoi de mieux pour épater vos convives du dimanche que de bons œufs brouillés saupoudrés de **ciboulette** fraîchement coupée. **Beurrez** une casserole et cassez **les œufs** dedans. Salez, poivrez et ajoutez **1 ½ cuillère à soupe de ciboulette fraîche** ciselée. Mélangez en faisant des 8 avec une spatule et faites cuire à feu doux jusqu'à ce que les œufs soient légèrement baveux. Servez sur un lit de **rondelles de tomates**, avec **de la ciboulette fraîche** !

Velouté d'asperges blanches

Épluchez **250 g d'asperges blanches,** coupez-les en tronçons de 4 cm et gardez quelques pointes pour servir. Faites cuire les asperges à l'eau bouillante salée 20 minutes. Faites fondre **10 g de beurre** dans une casserole, ajoutez **une pincée de paprika**, les asperges égouttées et faites revenir 10 minutes. Mixez et ajoutez hors du feu **1 jaune d'œuf**, **2 cuillères à soupe de crème fraîche** et **1 cuillère à soupe de ciboulette** fraîche ciselée. Salez et poivrez. Servez avec du pain grillé !

Biscotte du printemps

Pour savourer un petit snack tout en gardant sa taille de guêpe l'été, rien de mieux que ces petits canapés sains et légers. Épluchez et faites cuire à la vapeur **6 pointes d'asperges**. Coupez **1 cébette** en rondelles. Cuisez **2 œufs** 5 minutes dans de l'eau bouillante salée. Dressez sur des biscottes !

Tarte feuilletée aux asperges et chèvre frais

Épluchez **une botte d'asperges**. Déroulez **1 pâte feuilletée**, tartinez de **100 g de fromage de chèvre frais**. Saupoudrez de **ciboulette fraîche,** disposez les asperges, salez et poivrez. Enfournez 25 à 30 minutes à 180 °C. Servez avec **de la ciboulette** et **des fleurs de ciboulette** !

Trempette d'été

Au Québec, la trempette est un condiment servi en apéritif, aux brunchs ou barbecues. Vous pouvez également vous en servir en garniture de sandwich. Mélangez **150 g de yaourt à la grecque** avec **1 gousse d'ail** émincée, **1 cuillère à soupe d'huile d'olive** et **3 cuillères à soupe de ciboulette fraîche ciselée**. Savourez.

Œufs mimosas de ma grand-mère

Cuisez **6 œufs** dans de l'eau bouillante salée 10 minutes. Écalez, coupez-les en 2 et récupérez les jaunes. Mélangez-les avec **1 cuillère à soupe de mayonnaise, 1 cuillère à café de moutarde, 1 cuillère à soupe de ciboulette, ½ cuillère à café de paprika, du sel** et **du poivre**. Farcissez les blancs d'œufs avec la préparation. Servez avec des crudités !

coriandre

Je la cultive

La coriandre est une plante ombellifère aromatique dont on consomme les feuilles très parfumées et les graines. Cette plante aime le soleil et peut pousser en intérieur comme sur un balcon.

Comment je la cultive ?

La coriandre peut être semée ou installée en plants. Les semis se font dans de grands pots protégés du gel. Arrosez légèrement avec un arrosoir à pommeau pour permettre une bonne levée des graines. La récolte se fait environ après deux mois. On peut également acheter des plants déjà formés, très pratiques pour une plantation dans un bac. Installez-les tous les 20 cm dans un terreau bien enrichi et privilégiez une exposition bien ensoleillée.

Après la plantation, la coriandre ne nécessite aucun entretien particulier. Arrosez bien les plants surtout s'ils sont installés en intérieur et que votre air est sec. Pas d'engrais à prévoir si le terreau de vos bacs était bien riche.

Laquelle choisir ?

On peut trouver de la coriandre classique dans toutes les jardineries. Essayez également la coriandre vietnamienne aux feuilles élancées, aux fleurs roses et au goût poivré. Elle forme des buissons ravissants qu'il faut récolter régulièrement pour utiliser les jeunes feuilles, tendres, à consommer crues ou cuites.

Avec quoi je la plante ?

La coriandre peut être installée dans un bac de plantes aromatiques aux côtés du persil, de ciboulette ou encore de basilic. On peut également la semer au milieu de laitue à couper, de radis ou au pied des tomates cerises.

Comment je la récolte ?

Coupez les tiges de coriandre régulièrement pour stimuler la pousse des jeunes feuilles. Les tiges peuvent être congelées si besoin dans un sac de congélation. Dans ce cas, surtout ne lavez pas la coriandre avant de la congeler. Vous pouvez aussi laisser un pied monter à graines et récolter ces dernières. Elles se conservent longtemps et peuvent être utilisées telles quelles dans des sauces, ou moulues dans des currys.

Astuce

Plantez des plants de coriandre entre mars et septembre, pour échelonner les récoltes et profiter au maximum de cette aromatique délicieuse

coriandre

Je la cuisine

SOUPE DE CREVETTES À LA CORIANDRE

Préparez **1 litre de bouillon épicé**. Ajoutez **un piment** émincé finement, **des haricots mange-tout** détaillés en tronçons, **des pousses de soja**. Portez à frémissement et laissez cuire 10 minutes. Ajoutez **de grosses crevettes** et faites cuire 5 minutes. Ciselez **un bouquet de coriandre** fraîche et ajoutez-la sur le bouillon. Rectifiez l'assaisonnement et servez très chaud.

SOUPE D'HALLOWEEN

Lavez et séchez **2 mini potimarrons**. Coupez le chapeau et grattez l'intérieur pour enlever les pépins. Faites cuire les potimarrons 20 minutes à la vapeur. Faites cuire par ailleurs dans **0,5 l de bouillon de légumes, 500 g de la courge** de votre choix coupée en morceaux. Mixez avec **quelques feuilles de coriandre** et **une pincée de piment de Cayenne**. Salez et éventuellement poivrez. Servez dans les potimarrons avec **un trait de crème fraîche liquide** !

CAROTTES RÂPÉES À L'ASIATIQUE

Rien de mieux qu'une recette simple pour profiter de toute la saveur de la coriandre fraîche cultivée dans son potager d'intérieur. Râpez **400 g de carottes**. Ciselez **quelques feuilles de coriandre**. Mélangez les carottes avec **2 cuillères à soupe d'huile de sésame, un jus de citron, 1 cuillère à soupe de graines de sésame, la coriandre, du sel** et **du poivre**. Cette recette est idéale pour accompagner des brochettes de poulet !

CILBIR

Tout droit venue de Turquie, cette incroyable recette se sert au petit-déjeuner. Mélangez **200 g de yaourt à la grecque** avec **1 gousse d'ail** émincée, réservez. Dans une casserole, faites fondre **15 g de beurre** avec **1 cuillère à soupe d'huile d'olive** et **une pincée de paprika**. Pochez **4 œufs** dans de l'eau bouillante salée avec **un peu de vinaigre blanc**, durant 4 à 5 minutes. Servez le yaourt à la grecque, 2 œufs par assiette, un filet d'huile aromatisée, du sésame blanc et noir, **de la coriandre fraîche** ciselée, **des tranches de concombre** et **de la roquette**. Salez et poivrez avec **du piment d'Espelette**. Dégustez avec du pain noir !

SPAGHETTIS OU SOLEIL

Détaillez **2 tomates**. Faites-les revenir dans **un filet d'huile d'olive** à feu moyen. Ajoutez **une vingtaine d'olives vertes** et **noires** et **quelques piments oiseaux**. Faites cuire **150 g de spaghettis** dans de l'eau bouillante salée. Égouttez et ajoutez-les aux tomates. Ajoutez **des feuilles de coriandre fraîche**, **un trait de jus de citron vert**, **du sel**, **du poivre** et poursuivez la cuisson 5 minutes. Servez avec **de petits morceaux de citron vert** !

COURGETTES FARCIES

Lavez, séchez et coupez le haut de **3 courgettes rondes**. Creusez-les et réservez. Mélangez à la fourchette **150 g de feta**, **1 bouquet de coriandre** ciselée et **1 œuf**. Salez peu et poivrez avec **des baies roses**. Remplissez les courgettes avec ce mélange et faites cuire dans un four à 200° durant 45 minutes. Couvrez de papier d'aluminium après 30 minutes. Servez chaud avec **de la coriandre** en branches.

Je la cuisine

estragon

Je le cultive

L'estragon est une plante vivace aromatique particulièrement parfumée et facile à cultiver, plutôt dehors que dedans. Il apprécie le soleil, mais pas la sécheresse, qu'il redoute. Super simple il forme de beaux buissons décoratifs.

Comment je le cultive ?

L'estragon est une plante herbacée très simple à cultiver, mais qui peut atteindre presque 1 mètre de haut. Elle forme de beaux buissons de tiges portant des feuilles au goût anisé très agréable en cuisine.

L'estragon se prête bien à la culture en pot pour peu qu'on lui laisse de la place. On peut même avoir un pot dans la cuisine, mais il ne pourra pas se développer de façon importante, sauf s'il est installé dans un grand contenant. Sur un balcon, prévoyez une exposition ensoleillée et surtout abritée des courants d'air. Installez les plants d'estragon tous les 40 cm et ne tassez pas trop. Arrosez copieusement au démarrage, puis une fois par semaine sauf par temps de pluie.

Lequel choisir ?

L'estragon le plus simple à installer en pot est l'estragon de Russie, très productif et résistant aux grands froids. On peut également planter de l'estragon du Mexique, plus adapté aux climats chauds et secs, utile si vous prévoyez de l'installer en intérieur. Vous pourrez aussi tenter d'acclimater l'estragon français, le plus parfumé et qui disparaît complètement en hiver. À bien arroser en été.

Avec quoi je le plante ?

L'estragon aime bien se trouver un peu tout seul dans un joli pot, car il prend vite de la place. Dans un bac, on peut l'installer avec d'autres herbes aromatiques, persil, ciboulette, basilic ou encore thym ou romarin.

Comment je le récolte ?

Lorsque vous récoltez l'estragon, cassez les tiges au fur et à mesure, mais ne les effeuillez pas en les laissant sur la plante, cela l'épuiserait inutilement. Si certaines tiges trop grandes développent des graines, vous pouvez quand même les récolter, elles restent comestibles. Les feuilles peuvent ensuite être consommées rapidement, conservées dans l'huile pour un condiment parfumé ou même surgelées à plat dans des sachets adaptés, en cas de surproduction !

Astuce

L'estragon est réputé pour ses vertus digestives, et sa capacité à diminuer les spasmes douloureux. Vous pouvez en abuser dans les salades ou avec des légumes !

estragon

Je la cuisine

Sauce béarnaise

Percez enfin le secret de cette sauce directement venue de... Paris ! Il s'agissait à la base d'une réduction d'échalote ratée, rattrapée avec du jaune d'œuf. Les ratés ont souvent du bon ! Versez **2 cuillères à soupe de vin blanc, 1 cuillère à soupe de vinaigre de vin**, **2 cuillères à soupe d'estragon frais ciselé**, soit deux belles branches, **½ échalote émincée**, **du sel** et **du poivre** dans une casserole. Faites réduire une dizaine de minutes. Ôtez du feu et ajoutez **1 jaune d'œuf**. Remettez sur feu très doux et laissez prendre en mélangeant sans cesse. Ajoutez **70 g de beurre** pour stopper la cuisson. Fouettez encore un peu pour mélanger. Impressionnez vos amis au prochain barbecue !

Salade verte crue

Laissez infuser **quelques branches d'estragon** dans **une bouteille d'huile d'olive** pour la parfumer. Coupez **1 courgette** en très petite brunoise. Mélangez **2 cuillères à soupe d'huile d'olive** à l'estragon, **1 cuillère à soupe de vinaigre balsamique blanc** et **une pincée de poivre**. Servez sur la brunoise de courgette avec **un brin d'estragon frais** !

Cake salé

Mélangez **100 g de farine de blé**, **100 g de farine de sarrasin** avec **1 sachet de levure**. Creusez un puits, cassez **4 œufs** au milieu, mélangez. Ajoutez **7 cl d'huile de tournesol**, **12 cl de lait entier**, **100 g de fromage râpé**, **du sel** et **du poivre**. Effilochez **150 g de poulet cuit**, hachez finement **une dizaine de tomates séchées** et **1 beau bouquet de feuilles d'estragon**. Enfournez 40 minutes à 180 °C. Idéal pour un pique-nique ou votre lunchbox !

Pommes de terre farcies

Faites cuire **300 g de pomme de terre** à chair ferme à la vapeur. Coupez-les en deux, creusez et récupérez la chair. Effilochez finement **200 g de poulet cuit**, mélangez avec la chair, **50 g de ricotta**, **du sel**, **du poivre** et **des brins d'estragon**. Farcissez les pommes de terre et enfournez 15 minutes à 210 °C. Servez avec **de l'estragon**, **de la ciboulette** et **du persil frais** de votre potager !

Tapenade verte

Voilà de quoi épater vos invités à l'apéritif ! Une recette toute simple à base d'estragon frais. Écrasez au mortier **1 gousse d'ail**, **200 g d'olives vertes dénoyautées**, **50 g de câpres à l'huile** et **50 g d'anchois à l'huile**. Ajoutez **du poivre** et **une pointe de jus de citron vert**. Ajoutez enfin **de l'estragon finement haché**. Servez avec des toasts et **de l'estragon frais** !

Raie à l'estragon

Mélangez, **5 cl de crème fraîche liquide**, **½ oignon émincé**, **quelques feuilles d'estragon** fraîchement cueilli émincées et **une pincée de poivre**. Faites éplucher **2 ailes de raie** (soit environ 300 g), disposez-les dans un plat à four, ajoutez **80 g de beurre salé**, **10 cl de vin blanc** et quelques câpres. Salez et poivrez. Faites cuire 15 minutes à 200°. Servez avec **de l'estragon frais** et **un filet de citron**.

Je la cuisine

mélisse

Je la cultive

La mélisse, plante aromatique, mellifère, est simple à cultiver en pot, dedans comme dehors. Son goût raffiné et légèrement citronné transforme une simple salade de fruits en délice.

Comment je la cultive ?

La mélisse se prête bien à la culture en pot. Optez pour un grand bac d'au moins 50 cm de haut, car cette plante possède un important système de racines. La mélisse étant une plante mellifère, installez-la plutôt sur un balcon si vous craignez les

abeilles. Disposez un lit de graviers dans le fond du bac, remplissez le contenant aux trois-quart de terreau de jardin enrichi. Disposez le pied et complétez avec du terreau. Ne tassez pas trop et arrosez copieusement. Un pied de mélisse adulte atteint facilement 60 cm de hauteur et de largeur. Installez-le au soleil sur un balcon ou dans la maison, bien exposé à la lumière, mais surtout pas juste derrière une vitre. Arrosez toutes les semaines les pots s'ils sont dedans et moins souvent dehors, sauf en cas de sécheresse.

Laquelle choisir ?

Il existe de nombreuses variétés de mélisse. Certaines possèdent des feuillages dorés comme la variété All Gold ou des feuilles panachées comme la variété Aurea. On peut ainsi les cultiver comme une plante décorative, même si l'on ne récolte pas les feuilles.

On peut également cultiver la mélisse citronnelle au parfum plus soutenu, délicieuse en tisane. Pour épater vos amis, essayez la mélisse orange ou Altissima, au parfum d'orange ou encore la mélisse Lime dont les parfums tirent sur ceux du citron vert.

Avec quoi je la plante ?

La mélisse supporte bien le voisinage avec d'autres aromatiques. On peut l'installer aux côtés de plants de menthe de différentes variétés, de thym, d'origan, de romarin. Évitez en revanche d'installer la mélisse là où vous avez planté des légumes à feuilles, qui ont besoin de beaucoup de lumière pour prospérer.

Comment je la récolte ?

Coupez les tiges de mélisse au fur et à mesure de vos besoins, en commençant par les tiges extérieures. Ceci permettra de limiter la croissance de la mélisse qui peut être envahissante. Les récoltes peuvent commencer quelques semaines après l'installation d'un plant.

Astuce

La mélisse possède des propriétés relaxantes. N'hésitez pas préparer des tisanes avec des feuilles fraîches, en cas de stress ou de légers maux de ventre.

mélisse

Je la cuisine

GELÉE DE CLÉMENTINE ET MÉLISSE

Épluchez **3 clémentines**, détachez les morceaux et remplissez des moules à moitié avec. Portez à ébullition **250 ml d'eau**, **le jus d'un citron vert**, **quelques branches de mélisse fraîche** épluchée, **1 cuillère à soupe de miel** et laissez infuser 20 minutes. Ajoutez **1 g d'agar-agar**, mélangez bien, maintenez l'ébullition durant 1 minute, ôtez du feu, enlevez la mélisse et versez dans les moules. Laissez prendre toute une nuit au frigo, servez avec **quelques zestes de clémentine** et **un brin de mélisse fraîche** !

TARTELETTES GOURMANDES

Foncez des moules à tartelettes avec de la pâte sablée, faites-les cuire à blanc 20 minutes. Faites chauffer à feu doux **12 cl de crème liquide entière** avec **quelques branches de mélisse effeuillées**, laissez infuser 15 minutes. Retirez la mélisse, ajoutez **100 g de chocolat noir** coupé en morceaux, laissez fondre en remuant. Coulez l'appareil dans les fonds de tarte, saupoudrez de **poivre de Sichuan** et laissez prendre au moins 4 heures. Servez avec un brin de malice... ou de mélisse !

PÊCHE POCHÉE À LA MÉLISSE

Portez à ébullition **40 cl d'eau** avec **40 g de sucre** et **quelques branches de mélisse effeuillée**, laissez infuser 7 minutes. Coupez le feu, ôtez la mélisse. Coupez **2 pêches** en deux, enlevez les noyaux et plongez les pêches dans la casserole. Faites pocher à feu doux en arrosant de temps à autre durant une dizaine de minutes. Servez avec **de la mélisse finement ciselée** !

Spaghettis mélisse citron

Émiettez **100 g de ricotta fraîche** et effeuillez **deux branches de mélisse**. Pressez **le jus d'un demi-citron bio**. Faites cuire **100 g de petit-pois surgelés** et dans une autre casserole, faites cuire **100 g de spaghettis** al dente. Conservez un verre de l'eau de cuisson. Mélangez les spaghettis, les petit-pois et la mélisse, salez et poivrez, ajoutez **un filet d'huile d'olive** et la ricotta. Servez chaud.

Trempette sucrée

Rien de mieux qu'une petite trempette aux herbes fraîches pour ajouter un peu de saveurs à une corbeille de fruits frais ! Mélangez **125 g de yaourt à la grecque** avec **3 cuillères à soupe de lait**. Ciselez finement **une poignée de feuilles de mélisse fraîche**, prélevez **quelques zestes d'une orange**. Mélangez le tout avec le yaourt et **1 cuillère à soupe de miel**. Servez avec **des fruits frais** ou des pancakes !

Bœuf sauté

Détaillez **200 g d'onglet de bœuf**, coupez **1 poivron** épépiné en morceaux et **2 carottes** en rondelles. Faites cuire les carottes à la vapeur. Elles doivent rester fermes et légèrement fondantes. Faites revenir **1 oignon émincé** dans **un filet d'huile d'olive**, ajoutez les carottes, les poivrons, **quelques feuilles de mélisse ciselées**, **une pincée de paprika**, salez et poivrez. Ajoutez le bœuf, poursuivez la cuisson 5 à 8 minutes. Servez avec **de la mélisse fraîche** !

Je la cuisine

menthe

Je la cultive

La menthe est une plante aromatique très populaire. Ses feuilles sont consommées en cuisine, ses essences sont utilisées dans la parfumerie et la cosmétique, son huile essentielle fait partie des remèdes de la phytothérapie. Elle pousse facilement et nécessite tellement peu d'entretien qu'il serait dommage de s'en privér.

Comment je la cultive ?

La menthe se prête particulièrement bien à la culture en pot et elle pourra être aisément installée sur un rebord de balcon comme dans la cuisine. Évitez les expositions au soleil derrière une vitre ou près d'une source de chaleur sèche, comme un radiateur. La culture en pot permettra de plus d'éviter l'envahissement de la menthe et de la confiner aux limites de son pot ou de son bac.

La menthe est une plante peu gourmande. Plantée en pleine terre ou en pot, elle nécessite une bonne terre de jardin, bien drainée. Installez-la au soleil et prévoyez un espace conséquent, car la menthe prend de la place.

Installez les pieds de menthe à 30 cm les uns des autres. N'enfoncez pas trop le pied, comblez le trou de plantation, tassez et arrosez copieusement. Ensuite, arrosez lorsque le temps est très sec et chaud. Rempotez les menthes en pot chaque année, en ajoutant un nouveau substrat, un terreau bien riche.

Vérifiez bien les pots de menthe qui sont souvent oubliés dans les cuisines et ne produisent plus rien. Ajoutez une poignée de compost à vos pieds de menthe à l'automne afin de préparer les nouvelles floraisons.

Laquelle choisir ?

Il existe plus de 50 variétés de menthe. Profitez-en pour choisir une menthe pour chaque usage. La menthe marocaine est délicieuse en infusion.

La menthe chinoise est parfaite pour accompagner les salades et la cuisine asiatique. La menthe poivrée, forte en goût, se mélange avec d'autres herbes dans les taboulés. La menthe 'Swiss' est la plus fraîche en bouche. Idéal pour les cocktails et les boissons fraîches de l'été.

Avec quoi je la plante ?

Installez la menthe à côté d'autres aromatiques comme le thym, le romarin, ou encore la sauge. Ces plantes ne se gêneront pas. Plantez-la en revanche loin de la ciboulette, qu'elle peut envahir.

Comment je la récolte ?

Peu gourmande et rustique, la menthe se récolte dès que les jeunes feuilles apparaissent. Pincez-les pour les détacher de la plante. N'hésitez pas à couper fréquemment les tiges pour favoriser l'apparition de nouvelles pousses et prolonger les récoltes !

Astuce

La menthe peut être séchée pour de futures infusions. Disposez les tiges la tête en bas dans un coin sec et à l'ombre. Après quelques jours, effeuillez les tiges et disposez les feuilles dans une boîte en métal.

menthe

Je la cuisine

BRICK AU CABILLAUD

Une petite recette parfaite pour l'apéritif ou accompagner une salade. Faites cuire **150 g de cabillaud** réduit en morceaux dans **un filet d'huile d'olive**, ajoutez **200 g d'épinards** blanchis à mi-cuisson. Salez, poivrez et ajoutez **quelques feuilles de persil et de menthe émincées**. Prenez **4 feuilles de brick**, garnissez du mélange précédent, pliez en triangles. Faites revenir les triangles 4 minutes sur chaque face, dans **un filet d'huile d'olive**. Servez avec **une sauce au yaourt et à la menthe fraîche**.

PETITES VERRINES À LA MENTHE

Cette recette soulève un débat : convient-elle pour un apéritif ou un dessert ? Écrasez **1 avocat** bien mur, mélangez avec **1 cuillère à soupe de crème fraîche**, **1 cuillère à soupe de jus de citron**, **quelques morceaux de citron confit** et **1 cuillère à soupe de menthe fraîche émincée**. Servez dans des verrines avec une boule de **sorbet au citron**, **quelques morceaux de citron confit** et **des feuilles de menthe fraîche** !

GASPACHO DE MELON ET MENTHE

Sublimez un gaspacho d'été avec quelques feuilles de menthe de votre potager. La saveur de la menthe fraîche est mille fois plus délectable que celle achetée en supermarché. Mixez **300 g de melon**, **200 g de kiwi**, **1 cuillère à soupe de gingembre en poudre**, **1 cuillère à soupe d'huile de coco**, **un bouquet de feuilles de menthe** avec **une cuillère d'eau gazeuse** froide. Coupez quelques fines tranches de melon, disposez-les au fond d'une verrine, versez le gaspacho et servez avec **quelques feuilles de menthe** et **un petit tour de moulin à poivre**.

THON À LA MENTHE

Épluchez l'équivalent d'**une cuillère à soupe de feuilles de menthe fraîche**. Épluchez et émincez **un oignon vert**. Faites cuire **200 g de petits pois surgelés** et **50 g de pois mange-tout** dans une casserole d'eau bouillante salée. En fin de cuisson, égouttez les légumes, ajoutez **l'oignon**, **un filet de jus de citron** et **de la menthe**. Salez et poivrez. Ajoutez **10 g de beurre frais** et couvrez la casserole à feu éteint. Faites revenir quelques minutes **des filets de thon** dans une poêle chaude ou au grill. Salez et poivrez. Servez-les sur un lit de **petit-pois à la menthe**.

GRANITÉ PASTÈQUE MENTHE

Mixez **400 g de pastèque** avec **60 g de sucre glace**, **1 cuillère à soupe de jus de citron** et **1 bouquet de feuilles de menthe fraîche**. Placez au congélateur au moins 3 heures en brisant le granité à la fourchette toutes les heures. Détaillez **200 g de fraises** en tous petits cubes, mélangez avec **1 cuillère à soupe de jus de citron**, **1 sachet de sucre vanillé** et **quelques feuilles de menthe fraîche ciselées** très finement. Ajoutez les fraises sur le granité et servez avec **un petit brin de menthe fraîche** !

SMOOTHIE MENTHE AVOCAT

Lavez et effeuillez **2 tiges de menthe fraîche**. Récupérez **la chair d'un avocat mûr**. Épluchez et découpez en rondelles **100 g de concombre bio**. Mixez l'ensemble et ajoutez **5 à 6 amandes**. Servez très frais.

Je la cuisine

origan

Je le cultive

L'origan est une plante aromatique arbustive très facile à cultiver. On utilise principalement ses feuilles ou ses fleurs en cuisine, crues ou cuites. Son parfum et ses arômes sont proches de ceux de la sarriette ou de la marjolaine. On la rencontre sous sa forme sauvage sur tout le pourtour méditerranéen, mais elle pousse à peu près partout.

Comment je le cultive ?

L'origan est une plante de maquis qui adore le soleil. Il appréciera d'être installé sur un rebord de fenêtre exposé plein sud ou dans la cuisine derrière une fenêtre (pour peu qu'il soit correctement arrosé). Prévoyez un contenant d'au moins 20 cm de haut, car l'origan peut devenir grand et ses racines ont besoin de place. Disposez une couche de graviers dans le fond du pot, ajoutez du terreau, puis le pied d'origan. Tassez légèrement et arrosez bien. Laissez au moins 10 cm de chaque côté de l'origan pour lui laisser suffisamment d'espace et le laisser grandir. N'arrosez la plante qu'en cas de besoin, durant la première année de plantation si la terre est trop sèche.

L'origan se taille au printemps si vous voulez conserver une forme harmonieuse aux pieds. Utilisez un sécateur léger ou un ciseau de cuisine.
Profitez des fleurs à partir du printemps pour assaisonner les salades ou les mélanges de légumes et des feuilles, toute l'année pour cuire les pizzas bien sûr, mais aussi les rôtis et les volailles.

Lequel choisir ?

Choisissez l'origan compact qui se développera moins en pot, l'origan doré très parfumé et d'une jolie couleur, ou l'origan épicé au goût fort, parfait pour parfumer une pizza ou un gratin. Si vous croisez la variété 'Thumble's Variety', n'hésitez pas, car cet origan doré est rampant. Il formera des coussins ravissants sur des pots ou des jardinières.

Avec quoi je peux le planter ?

Le plus simple pour réussir ses plantations d'herbes du sud (thym, romarin, sarriette...) est de les planter ensemble. Elles ont les mêmes besoins en eau et en entretien. Et comme elles sont délicieuses ensemble, vous pourrez créer de délicieux bouquets garnis en un rien de temps. Les plantes fraîches développent des parfums et des arômes plus forts que les sèches. Vous pourrez vous contenter d'un brin d'origan pour parfumer une salade ou un mélange de légumes.

Comment je le récolte ?

L'origan peut être récolté quasiment toute l'année. Commencez dès que le ou les pieds auront atteint une vingtaine de centimètres. Coupez régulièrement tout autour de la plante pour conserver une forme harmonieuse et privilégiez des tailles douces pour permettre à la plante de repousser rapidement pour une seconde récolte en fin d'été. Utilisez une paire de ciseaux de cuisine propres et bien aiguisés et profitez du matin pour récolter les feuilles ou les fleurs. Il sera plus parfumé que récolté dans la soirée.

Astuce

Pour conserver longtemps l'origan récolté, formez des bouquets et suspendez-les quelques jours. Une fois secs, effeuillez-les dans des boîtes hermétiques. Mélangez l'origan avec le thym, le romarin et la sarriette pour un mélange maison exquis.

origan

Je le cuisine

Salade grecque

La salade grecque sans origan n'est pas la salade grecque. En la proposant avec de l'origan frais maison, vous en faites un plat particulier aux parfums d'été.
Pour deux personnes, découpez **100 g de feta, 2 tomates bio, 1 petit concombre et quelques olives noires** (de Kalamata, si possible). Assaisonnez avec **3 cuillères à soupe d'huile d'olive** au fruité vert (produite à partir d'olives vertes), **une giclée de vinaigre de vin ou de jus de citron**, du sel et du poivre et une branche d'**origan** fraîche avec ses fleurs. À servir avec une bonne tranche de pain de campagne.

Tarte tomate rapide

Déroulez **un rouleau de pâte feuilletée** dans un moule à tarte. Fouettez **3 œufs**, **100 g de fromage de chèvre frais, 50 g de fromage râpé** et **50 g de parmesan râpé**. Versez sur le fond de la tarte, ajoutez ensuite des **tomates** découpées en tranches épaisses. 3 à 4 tomates en fonction de la taille des fruits. Poivrez et parsemez d'**origan**. Faites cuire 30 minutes à 200° et avant de servir ajoutez de l'origan frais. À servir avec **une salade de roquette à l'origan** pour un repas complet.

Pizza

L'origan est un must absolu sur toutes les pizzas. Vous pouvez même l'utiliser pour préparer des pizzas blanches. Déroulez **une pâte à pizza**, parsemez d'**origan frais** et d'**huile d'olive**, salez et poivrez. Faites cuire 15 minutes à four très chaud. C'est délicieux à l'apéro ou pour un pique-nique. Pour une version plus gourmande, étalez **des oignons** finement tranchés sur **la pâte à pizza**, ajoutez **100 g de pecorino** en morceaux, salez, poivrez, ajoutez **une branche d'origan** frais effeuillée et quelques cuillères à soupe d'**huile d'olive**. Faites cuire 20 minutes environ. Ajoutez **quelques feuilles fraîches d'origan** avant de servir.

Apéro

Si vous recevez des amis à la dernière minute, épatez-les avec **quelques dés de feta ou de mozzarella, des olives noires, de l'origan** fraîchement récolté ou de l'origan séché, **de l'huile d'olive** bien fruitée et **quelques gouttes de vinaigre balsamique**. À servir avec des crackers.

Les vrais spaghettis à la bolognaise

Avec de l'origan frais et bien sûr du **basilic** de votre potager, les spaghettis à la bolognaise prennent du relief. Faites revenir **des oignons** et de **la pancetta** émincés finement avec de **l'huile d'olive.** Ajoutez **80 g de viande hachée** par personne, salez et poivrez. Faites revenir. Ajoutez **un demi-verre de vin rouge**. Faites bien réduire et versez ensuite **une boîte de tomates pelées, une botte de basilic** émincé, **deux branches d'origan** frais. Laissez mijoter 15 minutes et utilisez cette sauce délicieuse avec des spaghettis ou comme base pour des lasagnes. Ajoutez un peu de **fleurs d'origan** en saison au moment de servir et bien sûr **du parmesan râpé**.

Burger

La viande d'agneau se marie très bien avec l'origan. Essayez cette version de burger sans pain, riche en saveurs. Demandez au boucher **450 g d'agneau haché**. Ajoutez **1 cuillère à dessert d'origan sec**, mélangez, salez et poivrez. Formez 4 steaks. Mélangez **200 g de chèvre** avec de **l'origan frais**. Faites revenir dans une poêle chaude **2 oignons** frais émincés, puis les burgers 5 minutes. Recouvrez-les avec le chèvre et faites dorer au four quelques minutes. Servez avec **des pousses d'origan frais.**

Je le cuisine

persil

Je le cultive

Le persil est l'une des herbes aromatiques les plus populaires et les plus savoureuses. Facile à cultiver et généreux dans les récoltes, il est une des stars des potagers d'intérieur. On l'aime fraîchement cueilli pour réveiller une simple salade ou pour parfumer une soupe. On l'aime !

Comment je le cultive ?

Tous les persils se prêtent très bien à la culture en pot. Utilisez un bac d'au moins 30 cm de haut pour les semis. Dans tous les cas, installez un drainage de graviers ou de billes d'argile dans le fond du pot. Ajoutez de la terre de jardin, puis du terreau, arrosez et semez finement les semences. Recouvrez d'une légère couche de terreau. Arrosez à la pomme d'arrosoir et disposez le pot dans un endroit chaud et ensoleillé.

Recouvrez le pot avec un carton ou un linge humide pour favoriser l'humidité et la levée des semis. Les jeunes tiges apparaissent au bout de 15 jours et les récoltes pourront commencer au bout de deux mois environ. Sur un balcon ou en intérieur, on peut semer le persil toute l'année. Si vous avez préféré un pot de persil déjà en feuilles, utilisez également un grand pot pour le rempoter. Attention, car souvent les pots achetés en jardinerie ont séjourné sous serre et un passage rapide à l'extérieur peut faire mourir la plante. Arrosez au pied des plants chaque semaine, plus s'il fait très chaud et sec. Évitez de trop bassiner les feuilles.

Lequel choisir ?

Le persil commun a des feuilles plates, un port compact et des tiges courtes. Idéal pour les salades. Oubliez le persil frisé, qui a peu de goût, sauf pour décorer un plat. Recherchez en revanche le persil géant d'Italie, délicieux dans les taboulés et dont les grandes tiges hachées parfument les soupes. Les passionnés de persil pourront également semer le persil japonais ou Mitsuba, très parfumé, aux feuilles de trèfle, et qui peut atteindre 50 cm.

Avec quoi je le plante ?

Le persil pourra être planté avec d'autres aromatiques pour un potager d'herbes, basilic, estragon, ciboulette. Il formera également un joli tapis au pied des tomates cerises ou des pieds d'aubergine et est réputé apprécier d'être installé près des radis.

Comment je le récolte ?

La récolte du persil commence deux mois environ après le semis ou tout de suite pour les plantations en pots. Coupez régulièrement les tiges pour encourager leur pousse. Laissez monter à graines quelques plants pour de futurs semis. Pincez les tiges ou coupez-les au ciseau. Pour garder un joli look à votre pied de persil, commencez par couper les tiges périphériques avant d'attaquer le centre.

Astuce

On a tellement souvent besoin de persil qu'il peut être malin de l'installer dans différents pots individuels dans la cuisine et sur un rebord de fenêtre ou sur le balcon.

persil

Je le cuisine

Calamars aux spaghettis à l'encre de seiche

Faites revenir **200 g d'anneaux de calamar** dans **20 g de beurre** avec **quelques feuilles de persil** durant 3 minutes à feu vif. Salez et poivrez. Éteignez le feu, couvrez et laissez reposer 20 minutes. Pendant ce temps, faites cuire **100 g de spaghettis à l'encre de seiche**, égouttez et ajoutez aux encornets. Mélangez à feu doux avec **un filet d'huile d'olive** et **un trait de jus de citron**. Salez et poivrez ni nécessaire. Servez avec **du persil frais**.

Taboulé libanais, brochettes de dinde

Émincez finement **2 pieds de persil frais**, **1 botte de menthe** et **1 botte d'oignons verts**. Détaillez **4 tomates** en dés. Mélangez le tout avec **3 cuillères à soupe d'huile d'olive**, **2 cuillères à soupe de jus de citron**. Salez et poivrez. Ajoutez **50 g de boulgour** cuit dans l'eau bouillante salée. Détaillez **200 g de dinde en morceaux**, faites-les mariner dans **2 cuillères à soupe d'huile d'olive**, **1 cuillère à soupe de jus de citron** et **2 cuillères à café de Zaatar**. Faites cuire les brochettes au gril et servez-les avec le taboulé bien frais.

Tortilla au four

Coupez en rondelles très fines **5 pommes de terre**. Ciselez **un beau bouquet de persil**. Battez **6 œufs** en omelette, salez, poivrez et ajoutez le persil. Dans un plat rond beurré, disposez les pommes de terre, recouvrez du mélange d'œufs. Faites cuire 20 minutes à 160 °C. Servez avec **du persil frais** !

Clafoutis salé

Coupez 2 carottes en rondelles, ciselez un beau bouquet de persil. Mélangez **150 g de farine** avec **une pincée de sel** et **le persil**, ajoutez **4 œufs** et fouettez vigoureusement. Ajoutez au fur et à mesure **25 cl de crème fraîche** et **25 cl de lait**. Huilez un plat, disposez les carottes et couvrez de l'appareil à clafoutis. Faites cuire à 180 °C durant 25 minutes. Saupoudrez d'**amandes effilées**, servez !

Soupe de patates douces, curry et persil

Coupez en morceaux **250 g de patates douces** et **200 g de pommes de terre**. Faites revenir dans **un filet d'huile d'olive 1 oignon émincé**, ajoutez **1 bouquet entier de persil**, **1 cuillère à soupe de poudre de curry**, **les morceaux de pommes de terre** et de **patates douces**. Couvrez avec **½ l de bouillon de volailles** et laissez cuire jusqu'à ce que les légumes soient tendres. Mixez, servez avec **1 cuillère à soupe de mascarpone** et **du persil frais** !

Poulet grillé et purée de haricots blancs

Passez au presse-purée **300 g de haricots blancs au naturel** et **50 g de pommes de terre** cuites. Mélangez avec une botte de persil ciselé, **1 cuillère à soupe d'huile d'olive**, **10 cl de lait entier**. Salez et poivrez. Servez avec **un blanc de poulet grillé** et **des noisettes concassées** !

Je le cuisine

pourpier

Je le cultive

Cette plante que l'on trouve couramment dans la nature se montre très facile à cultiver et super riche en bons nutriments. Elle donne un bon goût très légèrement citronné à des salades ou des plats de viande grillée. À ne pas confondre avec le pourpier ornemental, plante grasse aux fleurs colorées, mais non comestibles !

Comment je le cultive ?

Le pourpier peut se semer ou être installé en pot. Il préférera une exposition mi-ombre, mi-soleil, sur un rebord de fenêtre ou un balcon. Installé en intérieur il risque de souffrir de la chaleur sèche des intérieurs. Les semis peuvent se faire dans une jardinière basse remplie de terreau de jardin enrichi. Arrosez les semis recouverts d'un peu de terreau pour permettre la levée. Éclaircissez les jeunes plants pour ne garder que les plus beaux et

pincez-les lorsqu'ils ont atteint 15 cms pour leur permettre de se ramifier.
Si vous achetez des plants de pourpiers potagers en godet, vous pourrez planter de mars à septembre.
La plantation de godets de pourpier est plus simple et permet d'obtenir des récoltes plus rapidement. L'intérêt du pourpier est que l'on peut l'installer dans un bac très bas de 10/15 cm, car il possède des racines superficielles. Installez les plants tous les 20 cm environ dans du terreau léger, ne tassez pas trop et arrosez légèrement. Ensuite, le pourpier n'a pas besoin de soins particuliers et de ne demande pas d'arrosage, sauf en cas de grosses sécheresse et de fortes chaleurs.

Lequel choisir ?

À côté du pourpier commun, vous pourrez installer le pourpier doré aux grandes feuilles vert clair et à la saveur très douce. Plus rare, un cousin du Pourpier, la Claytonne de Cuba ou bien la Claytonne perfoliata. Ces plantes basses ont une saveur douce et délicate. Très compactes, elles se sèment facilement dans un bac bas et supportent les températures basses d'un balcon exposé au nord. Idéal pour des récoltes en hiver.

Avec quoi je le plante ?

Dans une jardinière, laissez un peu de place pour le pourpier, car il peut s'étaler et a besoin de place pour s'épanouir. On peut néanmoins l'installer avec d'autres herbes type ciboulette ou basilic (moins résistants au froid).

Comment je le récolte ?

Le pourpier est généreux et vous pourrez faire deux à trois récoltes dans l'année, 2 mois environ après le semis et quelques semaines après la plantation en godets. Faites attention de bien couper les jeunes feuilles sans déraciner les plants, qui n'ont pas beaucoup de racines. En revanche, récoltez les feuilles lorsqu'elles sont jeunes. Les tiges très mûres deviennent filandreuses et dures. À noter, les tiges et les feuilles sont comestibles : les feuilles crues en salade et les tiges cuites pour donner du goût à un potage.

Astuce

Les tiges de pourpier peuvent être conservées dans du vinaigre, avec quelques grains de poivre, et se transformer en délicieux condiment.

pourpier

Je le cuisine

TARTARE AU POURPIER

Détaillez en petits cubes **75 g de filet de dorade, 75 g de filet de cabillaud** et **75 g de filet de bar**. Mélangez avec **2 cuillères à soupe de jus de citron, 2 cuillères à soupe d'huile d'olive, 1 cuillère à soupe de ciboulette**. Salez et poivrez. Lavez et égouttez **deux belles poignées de pourpier**. Salez et arrosez d'**un peu d'huile d'olive**. Servez le tartare de poisson dans des verrines avec **de la ciboulette** et **le pourpier.**

SOUPE CRÉMEUSE DE POURPIER

Épluchez et coupez **100 g de pommes de terre** en cubes, faites-les revenir 5 minutes dans **1 cuillère à soupe d'huile de tournesol** dans une grande casserole. Ajoutez **500 g de pourpier** en ôtant les tiges trop dures. Ajoutez **un trait de jus de citron**, salez et poivrez. Ajoutez **2 pincées de noix de muscade**. Ajoutez **½ l de bouillon de volaille**, laissez cuire 30 minutes. Mixez et servez avec du pain aillé grillé !

POULET AU POURPIER

Faites revenir **une dizaine de tomates cerises** dans une sauteuse avec **de l'huile d'olive** durant 10 minutes. Salez et poivrez. Faites cuire **150 g de petits pois écossés, 100 g de riz basmati**, égouttez et réservez. Lavez et égouttez **une belle poignée de pourpier**. Faites de même avec **de jeunes pousses de laitue** à couper. Faites cuire **1 beau filet de poulet** à la poêle dans **un filet d'huile d'olive** durant 10 minutes. Salez et poivrez. Dressez sur un lit de riz, les petits pois, le poulet détaillé en morceaux, quelques feuilles de pourpier et les tomates rôties. Rectifiez l'assaisonnement.

Salade de pourpier au thon

Lavez **3 poignées de pourpier**. Épluchez et récupérez les suprêmes de **1 pamplemousse**. Mélangez-les avec **2 cuillères à soupe d'huile de tournesol**, **1 cuillère à soupe de vinaigre balsamique** et **une pincée de gingembre en poudre**. Salez et poivrez. Ajoutez **100 g de thon au naturel** émietté. Servez frais !

Salade fraîche

Faites cuire **100 g de pois mange-tout** à la vapeur. Détaillez en fines lamelles **1 poivron rouge** et **½ oignon rouge**. Mélangez **2 poignées de pourpier**, le poivron, l'oignon, les pois mange tout, **1 cuillère à soupe de gomasio**, **une pincée de paprika**, **2 cuillères à soupe d'huile d'olive** et **1 cuillère à soupe de jus de citron**. Poivrez. Servez en accompagnement d'une viande ou d'un plateau de fromages.

Purée de pommes de terre et pourpier

Faites cuire **300 g de pommes de terre**. Écrasez au presse-purée, ajoutez **1 échalote** finement émincée et **300 g de pourpier** lavé, **2 cuillères à soupe de moutarde**, **1 cuillère à soupe de citron**, **1 cuillère à soupe d'huile d'olive**. Salez et poivrez. Ajoutez **un filet de lait** au besoin. Remettez à cuire à feu doux, ajustez l'assaisonnement et mélangez bien. Servez avec un steak haché grillé.

Je le cuisine

romarin

Je le cultive

Le romarin est une plante aromatique formant rapidement de jolis buissons. Il peut être cultivé dedans ou dehors, dans la mesure où il est bien exposé à la lumière et au soleil.

Comment je le cultive ?

Le romarin se prête très bien à la culture en pot sur un simple rebord de fenêtre ou dans une jardinière basse avec d'autres

herbes. Et si votre balcon est exposé plein sud, il poussera encore plus rapidement. Disposez une bonne couche de gravier dans le fond d'un contenant, pot ou jardinière, d'environ 30 cm de haut. Ajoutez du terreau, puis le pied de romarin. S'il est sec, immergez-le quelques minutes dans un seau d'eau afin de favoriser la reprise. Tassez légèrement et arrosez bien. Les récoltes peuvent commencer très vite et si vous ne le récoltez pas, profitez de sa floraison au printemps, rose pâle, bleue ou blanche selon les variétés. Côté arrosage le romarin est résistant. Si votre balcon est protégé des averses prévoyez un goutte-à-goutte avec une bouteille renversée, idem si vous partez en vacances en laissant vos pieds de romarin dans votre cuisine.

Lequel choisir ?

À côté du romarin classique aux fleurs bleues, qui peut atteindre rapidement 80 cm de haut, optez pour le romarin à fleurs blanches ou à fleurs rose que l'on trouve dans les pépinières spécialisées.

Le parfum est le même que chez les autres romarins et il forme un joli arbuste. Le romarin corse rampant porte lui des fleurs bleues. Son port retombant est parfait pour de hautes jardinières sur un balcon. Le romarin boule forme un arbuste arrondi très élégant en solo dans un pot haut.

Avec quoi je le plante ?

Le romarin peut prendre rapidement beaucoup de place si on ne taille pas régulièrement. Plantez-le en solo dans un bac haut et il deviendra une pièce majeure de votre balcon, ou pourquoi pas en petit buisson avec du thym, de l'origan et de la sarriette.

Comment je le récolte ?

Le romarin peut se récolter toute l'année. Au printemps, profitez des fleurs comestibles et très parfumées. Pincez les fleurs entre les doigts pour favoriser la repousse. Pour conserver longtemps le romarin récolté, rien de plus simple. Formez des bouquets de tiges. Suspendez-les, tête en bas, dans une pièce aérée et fraîche. Lorsque les bouquets sont secs, effeuillez-les dans des boîtes hermétiques en métal pour éviter le contact avec la lumière. Ne broyez pas les tiges séchées, car elles perdraient de leur parfum. Si vous souhaitez moudre cette herbe aromatique, faites-le avec des tiges fraîches.

Astuce

Les récoltes de fin d'été, les plus riches en huile essentielle, se conserveront le mieux pour l'hiver. Profitez-en pour en faire cadeau à vos amis !

romarin

Je le cuisine

BROCHETTE DE ROMARIN ET SAINT-JACQUES

2 en 1, les branches de romarin feront de parfaits pics à brochettes. Embrochez **6 noix de Saint-Jacques** sur **2 branches de romarin** huilées. Saupoudrez d'**une pincée de piment d'Espelette**, salez, poivrez et faites cuire quelques minutes dans une poêle avec **15 g de beurre.** Servez avec une salade de **suprêmes de pamplemousse** et de **radis blanc** à **l'aneth** et de petites purées, carottes et céleri.

SOUPE D'HALLOWEEN

Profitez des saveurs préservées du romarin par un mode de culture maîtrisé par vos soins... Salez **300 g d'entrecôte** avec **un peu de gros sel,** faites-la griller quelques minutes de chaque côté. Faites fondre **50 g de beurre** avec **1 gousse d'ail** émincée, **deux branches de romarin** effeuillé. Versez le beurre sur la viande en fin de cuisson. **Poivrez**, ajoutez **une pincée de piment**. Dégustez !

FOCCACIA AU ROMARIN

Émiettez **6 g de levure fraîche** dans **2 cl d'eau tiède**, laissez reposez 10 minutes. Ajoutez **6 cl d'eau** et **2 cl d'huile d'olive**. Ajoutez **125 g de farine T65**, mélangez, ajoutez **1 pincée de sel**, pétrissez et laissez reposer 5 minutes. Pétrissez à nouveau 2 fois à un quart d'heure d'affilée puis laissez reposer au frais 12 heures. Étalez la pâte, arrosez d'**huile d'olive** et répartissez **2 oignons blanc** coupés en rondelles, **quelques tranches de lard** et **du romarin frais.** Laissez lever 1 heure et faites cuire 20 minutes à 180 °C. Servez avec **du romarin frais** ! On peut également réaliser cette foccacia avec de la pâte à pain toute faite.

Crackers au parmesan

Mélangez **100 g de farine**, **2 cuillères à soupe de romarin** ciselé et **une pincée de poivre**. Sablez du bout des doigts avec **40 g de beurre mou** et **80 g de parmesan ou de pecorino râpé**. Ajoutez **20 à 30 g d'eau**, formez un boudin et placez-le au frais 30 minutes. Étalez cette pâte (fragile) et détaillez des crackers. Faites cuire 10 à 15 minutes à 180 °C. Parfait pour épater vos convives à l'apéritif !

Oignons grillés au porto

Coupez **2 oignons rouges** en deux, laissez-les mariner 30 minutes dans **25 cl de porto** avec **une branche de romarin** et **du poivre concassé**. Mélangez **100 g de chèvre frais**, **1 yaourt au lait de chèvre**, **1 pincée de paprika**, **du romarin** émincé. **Salez** et **poivrez.** Recouvrez les oignons égouttés avec le mélange de chèvre. Faites cuire 20 minutes à 210 °C en couvrant avec du papier d'aluminium à mi-cuisson. Servez avec du romarin frais.

Tomates confites

Avec des spaghettis, du riz ou une viande grillée, les tomates rôties constituent un plaisir gustatif simple, surtout lorsqu'elles sont parfumées avec du romarin frais. Coupez **une vingtaine de petites tomates** en 2. Placez-les dans un plat, arrosez généreusement d'**huile d'olive**, saupoudrez d'**ail** émincé et de **quelques tiges de romarin frais**. Faites cuire 15 à 20 minutes à 180 °C. À vous de jouer !

Je le cuisine

sarriette

Je la cultive

La sarriette est une plante aromatique à feuilles étroites très parfumée. On la rencontre sous sa forme sauvage sur tout le pourtour méditerranéen. Elle peut pousser dedans comme dehors avec succès.

Comment je la cultive ?

La sarriette se prête à la culture en pot sur un rebord de fenêtre ou même en intérieur, dans un bac ou une jardinière. Disposez une couche de gravier dans le fond du pot, ajoutez du terreau, puis la sarriette. Tassez légèrement et arrosez bien. Attention au drainage du pot ou du bac, essentiel pour que la sarriette pousse correctement. La sarriette se taille au printemps, de façon légère si vous voulez conserver une forme harmonieuse aux pieds. Sinon la sarriette peut tout à fait être cultivée sans taille particulière. N'arrosez la plante qu'en cas de besoin, durant la première année de plantation si la terre est trop sèche.

Laquelle choisir ?

Il existe de nombreuses variétés de sarriette. Pour de la sarriette classique, installez un pied de sarriette citron, délicieuse avec le poisson, ou de sarriette des montagnes, très parfumée.
Et n'hésitez pas si vous trouvez des pieds de sarriette de Turquie. C'est une variété de sarriette de montagne à la floraison rose violacé superbe.

La sarriette de Pologne est également très intéressante, car compacte, très touffue et aux ravissantes fleurs mauve pâle. La sarriette rampante est très mellifère et est intéressante pour couvrir un talus.

Avec quoi je la plante ?

La sarriette est frugale. Vous pouvez l'installer aux côtés d'herbes aromatiques du même type, romarin, thym ou origan, ou au pied des tomates ou des aubergines. Elle peut également être utilisée en bordure de jardinières.

Comment je la récolte ?

Récoltez les fleurs à partir du printemps et les feuilles toute l'année. Préférez les récoltes du matin pour profiter au maximum du parfum et de la saveur de la sarriette. Coupez de jeunes tiges pour favoriser la pousse et conserver une jolie forme au pied. Vous pouvez l'utiliser fraîche ou surgelée.

Astuce

Pour conserver longtemps la sarriette récoltée, formez des bouquets. Une fois secs, effeuillez-les dans des boîtes hermétiques. Mélangez la sarriette avec le thym, l'origan et le romarin pour un mélange maison exquis.

sarriette

Je la cuisine

Risotto aux haricots verts et sarriette

Émincez **1 oignon** et faites-le revenir dans **20 g de beurre** dans une grande casserole. Ajoutez **200 g de riz à risotto**, laissez blondir. Déglacez le riz avec **1 verre de vin blanc sec**. Versez par petites quantités **½ l de bouillon de légumes** jusqu'à ce que le riz soit cuit. Salez et poivrez. Faites cuire **150 g de haricots verts** dans de l'eau bouillante salée. Ajoutez les haricots, **une poignée de sarriette** et rectifiez l'assaisonnement. Servez avec **des tomates confites**.

Légumes à la sarriette

Lavez et égouttez plusieurs légumes racines, **des carottes, panais, pommes de terre**. Coupez-les en deux et disposez-les sur une plaque à four. Ajoutez au moins **3 cuillères à soupe d'huile d'olive**. Salez et poivrez. Ajoutez **une cuillère à soupe de sarriette fraîche**. Mélangez le tout. Faites cuire au four 45 minutes à 160°. Remuez de temps en temps. Servez très chaud.

Soupe de courgette et sarriette

Lavez et émincez **une belle courgette** et **un petit fenouil**. Lavez et équeutez **100 g de haricots verts**. Faites chauffer 1 litre d'eau salée, ajoutez **une tablette de bouillon de légumes** et **quelques tiges de sarriette fraîche**. Faites cuire les légumes 20 minutes à frémissements. Salez et poivrez. Servez les légumes avec le bouillon et **quelques feuilles de sarriette**.

POTAGE DE LÉGUMES À LA SARRIETTE

Détaillez **3 tomates** en tous petits cubes. Équeutez **100 g de haricots verts**. Coupez-les en tronçons. Épluchez et découpez **4 pommes de terre**. Épluchez **2 branches de sarriette**. Ciselez **un bouquet de basilic**. Faites revenir **2 oignons émincés** finement dans **1 cuillère à soupe d'huile d'olive**. Ajoutez les légumes et faites-les revenir 5 minutes. Versez **0,5 l de bouillon de légumes** non salé. Faites frémir et cuire à couvert 20 minutes. Ajoutez un peu d'eau si nécessaire. Salez et poivrez bien. Ajoutez **quelques feuilles de sarriette fraîche** avant de servir.

POISSON À LA SARRIETTE

Équeutez et lavez **200 g de haricots beurre**. Faites-les cuire dans une casserole d'eau bouillante salée 15 minutes. Effeuillez **deux branches de sarriette**. Disposez **2 filets de poisson blanc** par personne dans un plat à four. Ajoutez la sarriette et **un filet d'huile d'olive**. Salez et poivrez. Faites cuire au four 10 minutes. Sortez le plat du four et ajoutez les haricots. Rectifiez l'assaisonnement et servez chaud.

SALADE DE NOIX ET SARRIETTE

Lavez et égouttez **une belle poignée de feuilles de laitue**, si possible de différentes variétés. Concassez **100 g de cerneaux de noix**. Faites rôtir **deux belles tranches de pain de campagne** dans une sauteuse avec **2 cuillères à soupe d'huile végétale**. Salez et poivrez. Détaillez-les en petits cubes. Effeuillez **deux branches de sarriette fraîche**. Préparez une vinaigrette avec **huile vinaigre**, **sel**, **poivre** et **1 cuillère à café de moutarde douce**. Mélangez tous les ingrédients de la salade.

Je la cuisine

thym

Je le cultive

Le thym est une plante dite aromatique en raison du parfum de l'huile essentielle qu'il contient. Rampant, érigé, en boule, le thym prend différentes formes et se prête volontiers à la culture en intérieur. C'est l'occasion de tester l'étendue de ses variétés...

Comment je le cultive ?

Le thym se prête tout à fait à la culture en pot. Sur un rebord de fenêtre, dans un bac ou une jardinière, le thym prospère facilement. Et si votre balcon est exposé plein sud, il sera aux

anges. Disposez une bonne couche de gravier dans le fond d'un contenant, pot ou jardinière, d'environ 30 cm de haut. Ajoutez du terreau, puis la motte de thym. Si cette dernière est sèche, immergez-la quelques minutes dans un seau d'eau afin de favoriser la reprise. Tassez légèrement et arrosez bien. Les récoltes peuvent commencer très vite et si vous ne le récoltez pas, profitez de la beauté discrète de sa floraison, rose pâle ou blanche selon les variétés. Côté arrosage, durant vos absences le thym résistera bien quelques jours. Si vous partez plus longtemps, que les pots sont en plein soleil, et ne peuvent pas recevoir la pluie, prévoyez un goutte-à-goutte avec une bouteille renversée.

Lequel choisir ?

Plutôt que de planter le thym classique, recherchez des variétés aux parfums étonnants. Le thym 'Doone Valley', au goût citronné et au feuillage marginé de doré est une merveil aromatique pour accompagner les poissons et les fruits de mer.

Le thym 'Fragrantissimus' possède des parfums d'orange, délicieux en tisane ou pour relever une poêlée de légumes. Et si vous recherchez surtout une variété à fleurs, optez pour le thym serpolet à fleurs blanches, ravissant en été.

Avec quoi je le plante ?

Le thym est frugal, et peut se planter avec beaucoup d'autres herbes aromatiques ou de légumes. Pour une exposition très ensoleillée, installez les pieds de thym en compagnie d'origan, de romarin, de sarriette et de sauge. Plus besoin d'acheter des mélanges d'herbes de Provence ! En intérieur, installez des pots de thym de différentes variétés dans la cuisine pour en profiter au mieux selon les occasions, tisanes, assaisonnement...

Comment je le récolte ?

Le thym peut se récolter toute l'année. Au printemps, profitez des fleurs comestibles, très parfumées et qui donnent un look déco élégant à une simple salade de tomates. Pincez les fleurs entre les doigts pour favoriser la repousse. C'est au printemps que le thym se taille avec un ciseau pour lui conserver une forme harmonieuse. Recommencez en septembre, pour éviter que les branches ne se transforment en bois dur. Pour conserver longtemps le thym récolté, rien de plus simple. Formez des bouquets de tiges de thym. Suspendez-les, tête en bas, dans une pièce aérée et fraîche. Lorsque les bouquets sont secs, effeuillez-les dans des boîtes hermétiques en métal pour éviter le contact avec la lumière.

Astuce

Ce sont les récoltes de fin d'été, les plus riches en huile essentielle qui pourront être le mieux conservées pour l'hiver. Profitez-en pour en faire cadeau à vos amis !

thym

Je le cuisine

Citronnade au thym

Lavez **une barquette de groseilles**, **de myrtilles**, et **100 g de fraises** ou **de framboises**. Pressez **le jus de deux citrons bio**. Dans une carafe, versez **le jus de citron**, **2 à trois tranches fines de citron bio** lavé, **2 cuillères à soupe de cassonade**, **deux branches de thym frais** émietté et les fruits. Laissez macérer 1 heure au frais avant de servir.

Tartines de chèvre

Émincez **3 oignons rouges** et faites-les compoter à la poêle avec **de l'huile d'olive** et **quelques branches de thym frais** émietté durant 20 minutes. Faites rôtir **des crottins de chèvre**, type Chavignol, 5 minutes au gril. Découpez **de grandes tranches de pain de campagne** complet. Faites-les griller quelques minutes. Badigeonnez-les avec de l'huile d'olive. Ajoutez les oignons, un demi-chèvre type crottin, **quelques tranches de figues** et parsemez de **noix concassée** et de **thym frais**. Salez légèrement et poivrez.

Gratin de fruits

Lavez, séchez et dénoyautez **des abricots**, **des nectarines** et **des pêches blanches**. Coupez-les en deux et disposez-les dans un plat à four. Ajoutez **quelques branches de thym frais** et **2 cuillères à soupe de miel**. Répartissez **une lamelle de beurre** frais par demi-fruits et faites cuire à 200° durant 25 minutes. Couvrez avec du papier aluminium pour éviter aux fruits de brûler.

CAROTTES RÔTIES

Épluchez **les carottes** en conservant les fanes. Lavez et séchez-les. Effeuillez **le thym**. Faites fondre **le beurre** et le thym dans une casserole à feu doux durant 5 minutes. Versez **le sirop d'érable**, **la moutarde** et **la muscade** dans un bol. Salez et poivrez. Fouettez avec le beurre au thym. Recouvrez une plaque à four avec du papier cuisson. Étalez les carottes et versez ensuite le beurre aromatisé. Faites cuire 30 minutes à 180° et remuez de temps en temps.

BOUILLON AU THYM

Lavez, égouttez et détaillez **500 g de brocoli** et **500 g de chou-fleur**. Faites chauffer 1 litre d'eau salée, ajoutez **une tablette de bouillon de légumes** peu salé. Ajoutez **un bouquet de thym** émietté. Faites cuire les légumes 15 minutes et servez avec le bouillon. Rectifiez l'assaisonnement. Ajoutez un peu de **thym frais**.

ÉPAULE DE VEAU AU THYM

Effeuillez **deux branches de thym frais**. Épluchez **500 g de petites pommes de terre**. Faites dorer **l'épaule de veau** quelques minutes à feu vif. Disposez-la ensuite dans un plat à four, ajoutez les pommes de terre, **du laurier**, **le thym**, **une gousse d'ail**. Ajoutez **deux cuillères à soupe d'huile** et **un petit verre de vin blanc**. Enfournez à 200° durant 45-50 minutes selon le poids de la viande. Retournez l'épaule de temps en temps. Laissez reposer quelques minutes avant de servir chaud.

Je le cuisine

verveine

Je la cultive

La verveine forme de jolis buissons, que l'on peut faire pousser dedans comme dehors. Le goût unique des feuilles fraîches dans une salade de fruits ou une tisane en fait un must des plantations en pot.

Comment je la cultive ?

La verveine se cultive principalement en plants et avec une exposition ensoleillée. Évitez néanmoins de l'installer juste derrière une vitre exposée plein sud, car la lumière forte pourrait griller le feuillage. Prévoyez un grand pot ou une jardinière haute d'environ 30 cm. Faites tremper les godets dans un seau rempli d'eau à température ambiante pour réhydrater la motte des pieds de verveine. Percez le fond du contenant, installez une couche de gravier ou de billes d'argile puis remplissez avec du terreau bien enrichi. Installez les pieds en les enfonçant jusqu'au collet. Tassez légèrement la terre et arrosez bien. La verveine sucrante et la verveine citronnelle craignent le gel. Si vous les cultivez à l'extérieur, prévoyez de les protéger dès les premiers vents froids, surtout si le balcon est exposé au nord ou à l'est.

Laquelle choisir ?

À côté de la verveine officinale commune, vous pouvez installer dans des pots de la verveine dite sucrante. C'est une plante aromatique dont les feuilles ont un goût mentholé et au pouvoir très sucrant.

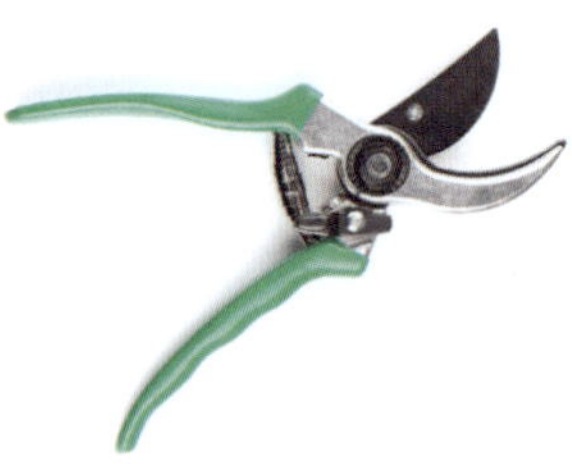

Elle est sensible au gel et peut être cultivée en intérieur. Autre variété, la verveine citronnelle qui peut être cultivée en pot dehors ou dedans, mais en la protégeant du froid.

Avec quoi je la plante ?

Les verveines prendront rapidement beaucoup de place dans le contenant choisi. Installez éventuellement de la ciboulette ou des laitues à couper qui n'ont pas de racines profondes pour bien pousser.

Comment je la récolte ?

Récoltez les feuilles de verveine au fur et à mesure de vos besoins. Préférez le faire le matin, car c'est à ce moment que les feuilles seront le plus parfumées. Coupez les tiges avec des ciseaux de cuisine ou un sécateur, en commençant par l'extérieur de la plante, ce qui lui maintiendra un port bien droit et une place limitée. Les branches fraîches peuvent se conserver au réfrigérateur dans un linge humide avant de les effeuiller. On peut également placer une tige dans un grand verre d'eau pour la conserver deux ou trois jours.

Astuce

La verveine se conserve bien en version sèche. Coupez quelques branches et suspendez-les en bouquets, tête en bas. Une fois sèches, récupérez les feuilles et stockez-les dans un contenant opaque. Très utile pour les tisanes.

verveine

Je le cuisine

VERRINES DE FRUITS ROUGES

Placez un saladier au congélateur. Chauffez **30 cl de crème fraîche entière** avec **quelques feuilles de verveine**. Retirez les feuilles, laissez refroidir, puis placez la crème au congélateur une dizaine de minutes. Montez la crème en chantilly. Dressez vos verrines avec **des framboises, des fraises** et **des prunes** fraîches coupées en deux ou en tranches. Servez avec **des tuiles aux amandes**, **des pistaches en poudre**, **de la chantilly à la verveine** et **quelques feuilles de verveine fraîche** !

SOUPE DE BANANE

Découvrez une recette bien étonnante, venue du Malawi : la soupe de banane ! Mixez **2 bananes** mûres coupées en rondelles avec **30 cl de lait**. Ajoutez **1 cuillère à soupe de cassonade**, **1 cuillère à café de verveine** hachée fraîche, **le zeste et le jus de ½ orange** et **1 cuillère à café de fécule de maïs**. Mixez à nouveau puis versez la préparation dans une casserole, portez à ébullition et laissez cuire 5 minutes. Servez chaud ou froid !

COUPE DE FRUITS

Des fruits frais, de la glace et des herbes fraîches : la recette d'un dessert d'été parfait. Mélangez **100 g de fraises** coupées en quartier, **100 g de framboises**, **50 g de myrtilles** et **quelques groseilles** avec **3 cuillères à soupe de jus de pommes**, **2 cuillères à soupe d'eau** et **1 cuillère à soupe de miel**. Laissez mariner 30 minutes au frais. Servez dans des coupelles avec une boule de glace à la vanille et **de la verveine fraîche**.

Crème brûlée

Faites chauffer **25 cl de crème fraîche liquide entière** avec **quelques feuilles de verveine**. Dans un saladier, fouettez **3 jaunes d'œufs** et **3 cuillères à soupe de cassonade**. Ôtez la verveine de la crème tiédie, puis versez sur les œufs en mélangeant continuellement. Répartissez la crème dans des ramequins et enfournez au bain-marie 30 minutes à 160 °C. Caramélisez à l'aide d'un chalumeau après avoir saupoudré de sucre. Servez avec **une salade de fruits rouges** et **de la verveine fraîche** !

Eau détox

Pour vous rafraîchir tout en purifiant votre corps, rien de mieux que des herbes fraîches. En les cultivant vous-même, vous maîtrisez leur qualité et ainsi leurs saveurs… Prenez **quelques branches de verveine**, les tranches d'**1 citron bio** et plongez-les dans **1 l d'eau fraîche**. Laissez infuser 30 minutes au frais. Servez avec quelques glaçons !

Pêches au sirop vanille-verveine

Sublimez vos fruits d'été avec un sirop et des herbes fraîches ! Faites bouillir **0,5 l d'eau** avec **100 g de sucre**, **2 cuillères à soupe de jus de citron**, **1 gousse de vanille** fendue et **3 branches de verveine effeuillée**. Coupez **3 pêches** en tranches. Une fois le sucre dissous, ajoutez les pêches et laissez cuire 10 minutes à feu moyen. Ôtez du feu, laissez refroidir puis placez au frais 3 heures. Servez avec **quelques feuilles de verveine fraîche** et **des zestes de citron vert** !

Je le cuisine

LEGUMES

aubergine

Je la cultive

L'aubergine venue d'Asie représente l'un des symboles des légumes du soleil. En version mini elle trouve sa place sans problème en pot sur un petit balcon ou dans une jardinière dans la maison avec des herbes aromatiques. L'aubergine, de la même famille que les tomates ou les pommes de terre aime surtout les expositions ensoleillées et des arrosages réguliers.

Comment je la cultive ?

Pas la peine de semer l'aubergine, procurez-vous de jeunes plants bien formés avec des fleurs déjà développées. Prévoyez un contenant d'une hauteur de 40 à 50 cm environ, rempli d'un bon terreau enrichi, car l'aubergine est gourmande en nutriments. L'aubergine sera à maturité entre 3 à 4 mois après sa plantation, en fonction de la maturité du plant installé. Enterrez juste la motte de l'aubergine et tassez un peu. Arrosez sans noyer le plant, car l'aubergine est sensible à l'humidité, qui peut provoquer l'apparition de champignons. Si vous constatez la présence de tâches grises ou de feutrage blanc sur les feuilles, utilisez des purins naturels, comme le purin de prêle, en pulvérisation. Ensuite, ne stoppez pas les arrosages réguliers tout au long de la saison, surtout si vous cultivez en intérieur, en évitant de mouiller le feuillage.

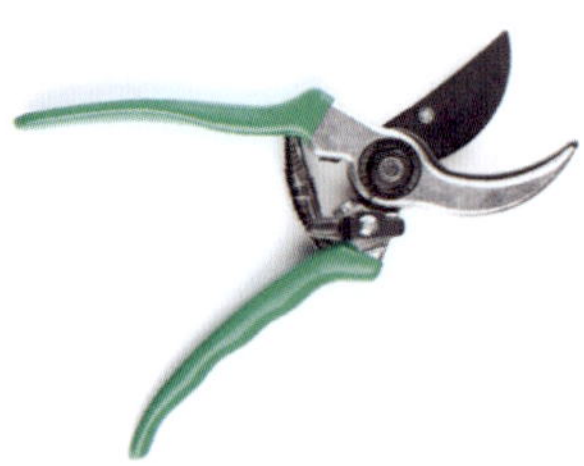

Laquelle choisir ?

Essayez de cultiver des variétés originales que l'on peut trouver en jardineries telles que la Barbentane, très noire, longue et mince. À réserver à la culture sur le balcon, la violette de Florence aux gros fruits blancs et parme. Très fine de goût, elle a besoin de beaucoup de chaleur pour donner de belles récoltes et poussera bien en intérieur si elle est bien arrosée. Elle peut se consommer sous forme mini sans avoir d'amertume et elle est très décorative. L'aubergine ronde blanche à œuf pousse tôt en saison et se porte bien dedans comme dehors si elle est protégée du froid.

Avec quoi je peux la planter ?

Les aubergines sont gourmandes, alors installez-les avec des plantes plus frugales. Encadrez-la de pieds de thym ou de sarriette pour un look très méditerranéen. Dans un bac plus petit, installez de l'estragon, des oignons nouveaux ou de l'ail entre les pieds d'aubergine.

Comment je la récolte ?

Conservez la tige principale du plant d'aubergine et éliminez toutes les pousses latérales. Tuteurez les plants afin que les fruits poussent en hauteur sans souci. Pincez la tige principale au-dessus de la troisième fleur et laissez pousser ensuite les rameaux latéraux. Cela favorisera les récoltes que vous pourrez commencer 4 mois environ après plantation.

Astuce

Laissez fleurir les aubergines, sans récolter les premiers fruits aériens, qui ne sont pas comestibles et peuvent être toxiques. Faites attention à en éloigner les enfants et les animaux domestiques.

aubergine

Je la cuisine

Toast d'aubergine grillée, bacon et tomates

Détaillez **2 petites aubergines**, fraîchement cueillies, en tronçons dans le sens de la largeur. Coupez **3 tomates cocktail** en deux. Disposez-les sur une plaque de cuisson, arrosez d'**un filet d'huile d'olive**, de **thym** (frais c'est encore meilleur !), de **sel** et de **poivre**. Enfournez pendant 15 à 20 minutes. Découpez 6 toasts fins dans **une miche de pain de mie** et faites-les griller. Dans une poêle, faites suer **3 tranches de bacon**. Une fois bien dorés, coupez-les en deux. Montez vos toasts ; pain, bacon, aubergines et tomates grillées. Râpez un peu de **parmesan** ou de **fromage de brebis** au-dessus et dégustez !

Penne aux aubergines et sauce tomate

Osez le twist de ce légume du soleil avec les saveurs italiennes ! Cuisez **150 g de penne**, égouttez et réservez. Émincez **1 oignon** et faites-le revenir dans **un filet d'huile d'olive** à feu vif. Découpez **1 belle aubergine** en fines rondelles, ajoutez-les à l'oignon. Poursuivez la cuisson jusqu'à ce que les aubergines soient fondantes. Ajoutez **200 g de coulis de tomate**, **quelques feuilles de basilic ciselées**, **du sel**, **du poivre** et laissez mijoter à feu doux environ 15 minutes. Au dernier moment, ajoutez les pâtes cuites et mélangez bien. Servez avec un peu de **parmesan** !

Pizza végétarienne

Pourquoi ne pas changer de la pizza classique et troquer le chorizo pour quelques tranches d'une aubergine aux saveurs du potager ? Laissez-vous tenter ! Découpez **2 petites aubergines** en rondelles et **125 g de mozzarella** en tranches. Formez deux petites pizzas avec **1 pâte** sur une plaque de cuisson. Étalez **3 cuillères à soupe de coulis de tomate** sur chaque pizza. Répartissez les tranches d'aubergines, **quelques olives noires** et les tranches de mozzarella. Enfournez pour 40 minutes dans un four à 200 °C. Décorez avec **quelques fleurs de sauge** !

Aubergines farcies aux céréales et légumes

Faites cuire **100 g de mélange de boulgour et blé**, égouttez et réservez. Émincez **1 oignon rouge**, faites-le revenir dans **un filet d'huile d'olive** à feu moyen. Coupez en cubes **1 poivron vert** et **1 poivron rouge**, ajoutez-les à l'oignon. Laissez cuire quelques minutes. Ajoutez le mélange de céréales et **quelques feuilles de coriandre** (fraîche, c'est encore plus savoureux !), salez, poivrez. Cueillez **2 aubergines** longues dans votre potager. Coupez-les en 2 dans le sens de la longueur, creusez l'intérieur et gardez l'intérieur pour la recette suivante ! Arrosez d'huile d'olive et enfournez à 180 °C pour 10 minutes. Farcissez les aubergines avec le mélange précédent. Saupoudrez d'un peu de **zaatar** (mélange d'épices) et de **quelques pignons de pin**. Enfournez pour 15 minutes. Décorez avec **quelques feuilles de coriandre** et servez !

Mousse apéritive

Faites cuire l'intérieur de **1 aubergine** à la poêle, ou 1 aubergine entière coupée en 2 au four, avec **un filet d'huile d'olive**. Émincez **1 gousse d'ail** et faites-la revenir dans un **filet d'huile d'olive**, à la poêle. Mixez l'aubergine cuite, l'ail, avec **1 cuillère à soupe de jus de citron**, du **sel**, du **poivre** et un peu d'**origan** (de votre potager). Servez avec des gressins, des toasts ou du pain aux graines de sésame.

Aubergines braisées au citron, grenade et fromage frais

Savez-vous qu'une fois passée au four, l'aubergine propose une belle saveur fumée ? Coupez **2 aubergines** en deux dans le sens de la longueur et réalisez un quadrillage sur la chair. Mélangez **2 cuillères à soupe d'huile d'olive**, **1 cuillère à soupe de graines de sésame** et **1 cuillère à café d'origan** frais finement ciselé. Répartissez sur les aubergines. Enfournez à 180 °C pour 15 minutes, puis passez au grill à 210 °C 5 à 10 minutes. Coupez **1 grenade** en deux, retournez-la face à une assiette et tapez dessus à l'aide d'une cuillère pour faire tomber les grains. Servez avec **150 g de fromage frais** additionné à de l'huile d'olive. Voici l'accompagnement idéal pour des viandes blanches grillées !

Je la cuisine

chou pak choï

Je le cultive

Savez-vous planter les choux ? Dedans ou dehors, en solo ou dans une jardinière, le chou peut se cultiver facilement, pour peu que l'on choisisse bien la variété. Le chou chinois ou Pak Choï est particulièrement facile à faire pousser dans son intérieur.

Comment je le cultive ?

Le chou Pak Choï se cultive facilement, à condition de l'installer dans un pot ou un bac d'au moins 30 cm de haut. Évitez d'installer les plants dans un pot ayant déjà servi, car le Pak Choï est gourmand en nutriments. Installez les plants de Pak Choï à partir de février pour des récoltes le mois suivant. Vous

pouvez également semer le Pak Choï et profitez de ses jeunes feuilles un mois après le semis. Dans ce cas, remplissez un contenant de terreau enrichi et enterrez les graines à 1 cm de profondeur environ. Arrosez très régulièrement surtout si les plants sont installés en intérieur, car le Pak Choï supporte mal la sécheresse. Ajoutez de l'engrais deux fois par mois, surtout si le pot ou le contenant n'est pas très grand. À partir de l'automne, disposez les contenants en pleine lumière pour favoriser la pousse des feuilles. Il pourra ainsi pousser jusqu'au cœur de l'hiver.

Lequel choisir ?

Il existe plusieurs variétés de Pak Choï avec des goûts différents. Les modes de culture, en revanche, demeureront les mêmes. Le Pak Choï Tiancuibacai, surtout disponible en graines, pousse très vite et forme de belles feuilles vert tendre. Le Pak Choï Tatsoi a l'avantage d'être compact et de ne pas dépasser 30 cm de haut. Ses jeunes feuilles peuvent être récoltées dès trois semaines après le semis et il résiste particulièrement bien au froid. On peut donc l'installer sur un balcon au nord. Enfin, le Pak Choï de Taiwan est lui aussi compact, pousse vite, ses feuilles ont un goût très doux et il résiste très bien à la chaleur. Idéal pour une installation dans la cuisine.

Avec quoi je le plante ?

Le Pak Choï peut se cultiver tout seul ou avec d'autres variétés dans une jardinière, dedans ou dehors. Vous pouvez installer des herbes aromatiques à ses côtés, mais évitez les laitues à couper et les radis, à qui il ferait concurrence

Comment je le récolte ?

La récolte du Pak Choï est très simple. Prélevez les feuilles au fur et à mesure de vos besoins. Vous pouvez congeler les pieds en fin de saison après les avoir bien lavés pour prolonger leur consommation. Si vous le laissez pousser longtemps, éliminez les feuilles jaunies ou abîmées avant de les couper, car elles peuvent abriter de petits vers.

Astuce

À la différence des gros choux pommés, le Pak Choï prend peu de place et peut se cultiver même sur des balcons à mi-ombre.

chou pak choï

Je le cuisine

Sauté de pak choï et de champignons

Lavez et coupez en deux **6 Pak Choï ou chou chinois**. Faites de même avec **200 g de champignons** de votre choix. Faites chauffer dans une poêle **3 cuillères à soupe d'huile végétale**. Faites revenir le chou entre 5 et 10 minutes. Ajoutez les champignons, poursuivez la cuisson encore 10 minutes. Remuez bien. En fin de cuisson, baissez le feu, ajoutez **2 cuillères à soupe d'huile de sésame**, **1 cuillère à soupe de graines de sésame blanc**, **1 cuillère à soupe de sauce soja salée** et **un peu de piment ou de poivre**. Remuez et servez chaud.

Raviolis au pak choï

Lavez et découpez **une poignée de chou chinois ou Pak Choï**. Faites-les cuire à la vapeur 10 minutes. Préparez la sauce avec **3 cuillerées à soupe de sauce soja salée**, **1 de Nuoc-mam**, **2 d'huile de sésame grillé**. Poivrez. Faites revenir **des raviolis chinois** dans une sauteuse à feu vif. Versez dans un bol et servez avec la sauce et le Pak Choï.

Bœuf au pak choï

Lavez et découpez **6 Pak-Choï**. Faites de même avec **quelques fleurettes de brocolis**. Lavez, épluchez et découpez **une carotte** en fines rondelles. Faites cuire les légumes 10 minutes à la vapeur. Tranchez en lamelles **200 g de blanc de poulet bio**. Faites-les revenir à feu vif 10 minutes dans une sauteuse avec **un filet d'huile**. En fin de cuisson, ajoutez les légumes, poivrez et ajoutez **des graines de sésame blanc** et **un peu de sauce soja**. Servez chaud.

BOUILLON DE PAK CHOÏ

Préparez un bouillon bien épicé avec **1 l de bouillon de légumes** pas trop salé et un peu de piment. Émincez finement **2 gousses d'ail** et ajoutez-les dans le bouillon. Portez à frémissement. Lavez, égouttez et effeuillez **5 à 6 choux chinois ou Pak Choï**. Ajoutez-les dans le bouillon et faites frémir 10 à 15 minutes. Rectifiez l'assaisonnement, ajoutez **quelques gouttes d'huile de sésame** et servez très chaud.

PAK CHOÏ PIMENTÉ

Lave et coupez en deux **6 choux Pak Choï**. Épépinez et émincez finement **un piment rouge**. Râpez **une carotte**. Faites chauffer une sauteuse à feu vif avec **un filet d'huile végétale**. Faites revenir les choux durant 5 minutes. Ajoutez le piment, la carotte râpée et **une cuillère à soupe de sauce soja salée**. Faites revenir à feu moyen 5 à 8 minutes. Servez chaud avec une viande grillée.

SOUPE AU PAK CHOÏ

Lavez et coupez **plusieurs Pak Choï**. Détaillez **200 g de poulet** en lanières épaisses. Émincez **3 ou 4 oignons verts**. Portez à frémissement **1 l de bouillon de volaille**, ajoutez **deux cuillères d'huile de sésame, une de sauce soja**. Faites cuire les lanières de poulet dans le bouillon durant 5 minutes. Ajoutez **le chou** et **les nouilles**. Faites encore cuire 5 minutes. Rectifiez l'assaisonnement et ajoutez q**uelques feuilles de basilic**. Servez chaud.

Je le cuisine

chou kale

Je le cultive

Le chou kale, sans pomme, peut se cultiver en intérieur comme sur un balcon ou une terrasse. Ses feuilles sucrées, pleines de vitamines et au délicat goût de noisette se révèlent encore plus délicieuses lorsqu'on les consomme toutes fraîches.

Comment je le cultive ?

Le chou kale se cultive bien et facilement, à condition de l'installer dans un pot ou un bac de plus de 40 cm de haut. Évitez d'installer les plants dans une terre ayant déjà servi, car le chou est plutôt gourmand côté nutriments. Installez les plants de chou à partir de mars pour des récoltes à partir de la fin de l'été.

Arrosez très régulièrement, surtout si vos plants de chou sont installés en intérieur.
Le chou ne supporte pas la sécheresse et ne produirait que de petites feuilles sans intérêt.
Ajoutez de l'engrais deux fois par mois, surtout si le pot ou le contenant n'est pas très grand et n'hésitez pas à installer des tuteurs pour maintenir les pieds bien droits. Disposez les contenants en pleine lumière pour favoriser la pousse des feuilles. Il pourra ainsi pousser jusqu'au cœur de l'hiver.

Lequel choisir ?

Il existe plusieurs variétés de chou palmiste en dehors du traditionnel kale frisé. Vous pourrez semer le chou blue scotch curled, au port très compact et frisé, pratique pour occuper des jardinières peu hautes et très décoratif avec ses feuilles bleutées. Autre variété compacte, le chou Halbhoher, aux feuilles vert tendre ou encore le chou demi-nain de Westland, très goûtu et très frisé. Autre variété intéressante, le chou aux feuilles élancées appelé Noir de Toscane. Réservez-le à de grands pots installés sur un balcon, car il peut atteindre 1,50 mètre.

Avec quoi je le plante ?

Le chou kale ou palmiste peut se cultiver tout seul ou avec d'autres variétés dans une jardinière, dedans ou dehors. Vous pouvez installer des herbes aromatiques à ses côtés, mais évitez les laitues à couper et les radis.

Comment je le récolte ?

Un pied de chou kale peut vous fournir jusqu'à 500 feuilles à consommer durant la saison. Récoltez-les en cassant les feuilles de bas en haut du pied. Faites en sorte de toujours laisser environ la moitié des feuilles afin que la plante se renouvelle plus facilement. Éliminez également les feuilles jaunies ou abîmées, car elles peuvent abriter des limaces ou de petits vers.

Astuce

Très peu calorique et bourré de vitamines, testez des jus de légumes avec du chou kale juste récolté. Délicieux et excellent pour la santé.

chou Kale

Je le cuisine

BOWL

Pratique et déclinable à l'infini, le bowl est la nouvelle tendance *healthy*, facile à reproduire chez soi. Émincez **3 feuilles de chou kale**, **½ fenouil**, **¼ chou rouge** et **1 oignon nouveau**. Râpez **1 carotte**. Coupez **½ avocat** en fines tranches. Ajoutez **des graines de sésame noir**. Composez votre bol avec chaque élément ; amusez-vous avec les couleurs !

JUS GREEN

Du chou dans un jus ? Oui ! Et c'est encore meilleur avec du chou fraîchement coupé. Passez à l'extracteur de jus **4 feuilles de chou kale**, **2 pommes** vertes tranchées, **½ citron bio** et **1 morceau de gingembre.** Dégustez avec une tranche de citron frais !

MAFALDE AUX TOMATES RÔTIES

Disposez **une dizaine de tomates cerises** dans un plat allant au four, ajoutez **un filet d'huile d'olive**, **du thym**, salez et poivrez. Enfournez 15 minutes à 180 °C. Faites cuire **150 g de pâtes mafalde** dans de l'eau bouillante salée, égouttez et réservez. Émincez **6 feuilles de chou kale**. Faites-le revenir dans **un filet d'huile d'olive** à la poêle une quinzaine de minutes. Ajoutez les pâtes, les tomates, salez et poivrez au besoin. Saupoudrez avec **un peu de parmesan** !

SALADE MULTICOLORE

Émincez **3 feuilles de chou kale**. Coupez en rondelles **une poignée de radis**, **½ avocat** et **¼ de citron bio**. Émincez en fines lamelles **150 g de betteraves rouges cuites**. Composez les assiettes avec un peu de chaque élément. Ajoutez **une poignée de raisins blancs secs, 1 cuillère à soupe de graines de sésame** et **des noisettes**. Servez avec **une vinaigrette au balsamique** !

TARTE RUSTIQUE

Réalisez la pâte en mélangeant **125 g de farine de seigle, 125 g de farine de sarrasin, 1 cuillère à café de sel, 3 cl d'eau** et **3 cl d'huile d'olive**. Étalez sur une plaque allant au four. Coupez **½ potimarron** ou **courge musquée** en fiches rondelles. Émincez **3 feuilles de chou kale**. Disposez les éléments sur la pâte et repliez les bords. Arrosez d'**un filet d'huile d'olive**, saupoudrez de **thym** et d'**emmental râpé**. Salez et poivrez. Enfournez pour 25 minutes à 180 °C, puis 20 minutes à 210 °C. Servez avec **des pignons de pin** !

SALADE DE QUINOA ET SAUMON

Faites cuire **200 g de saumon** dans **un filet d'huile d'olive**, 5 minutes à la poêle. Laissez refroidir. Faites cuire **75 g de quinoa** dans de l'eau bouillante salée, égouttez et réservez. Émincez **4 feuilles de chou kale**. Mélangez tous les éléments et ajoutez **2 cuillères à soupe d'huile d'olive, ½ cuillère à café de curcuma, ½ cuillère à café de paprika** et **un trait de jus de citron**. Servez frais !

Je le cuisine

courgette

Je la cultive

La courgette est un légume de la famille des cucurbitacées. Elle possède de grandes feuilles et donne des fruits de différentes formes et couleurs en été. Ce légume populaire, cultivé dans le monde entier, constitue l'ingrédient phare de préparations culinaires telles que la ratatouille. La courgette est gourmande en éléments nutritifs et en soleil. Préparez bien le sol avant d'installer les pieds de courgette.

Comment je la cultive ?

Préférez les plants aux graines, qui donneront plus rapidement des récoltes. Après juste 3

semaines, vous pourrez voir les premières fleurs apparaître. Les courgettes non coureuses comme la Ronde de Nice peuvent être plantées dans un grand bac ou une jardinière d'au moins 40 cm de haut. Remplissez les contenants avec un terreau très enrichi, car la courgette est gourmande. N'hésitez pas à ajouter des amendements type Or Brun (ne vous inquiétez pas, ils ne sentent rien). Laissez 50 cm environ entre chaque pied et prévoyez un arrosage très régulier pour satisfaire aux besoins de la courgette. Si la terre est bien enrichie à la plantation, vous n'aurez pas besoin d'engrais durant la croissance de la plante.
En extérieur, évitez d'installer les bacs dans un courant d'air et réservez-leur si possible un emplacement très ensoleillé. Les courgettes non coureuses ne se taillent pas et se récoltent environ deux mois après l'installation des plants.

Laquelle choisir

Évitez les variétés dites coureuses en intérieur, ou même sur un balcon. Elles prendront trop de place et seront compliquées à arroser. Optez pour la courgette non coureuse des maraîchers, longue verte et douce, ou pour la courgette ronde de Nice, idéale pour les petits farcis. Pour changer du vert, tentez la courgette 'Gold rush' à la chair jaune très fine au goût. Pour les gratins rapides, la courgette 'Blanche de Virginie', non coureuse, a une peau très fine et une chair presque blanche. Les courgettes Nimba et Odessa, résistent bien aux climats froids. À tenter si vos jardinières sont installées sur un balcon exposé au nord.

Avec quoi je la plante

Les pieds de courgettes sont assez imposants. Ils atteindront rapidement 50 à 60 cm dans tous les sens. Évitez de planter d'autres légumes sous leur feuillage. En revanche, entre deux pieds, vous pouvez installer des herbes aromatiques comme la ciboulette, le basilic, des oignons ou encore du chou Kale.

Comment je la récolte

Les courgettes se récoltent durant tout l'été et jusqu'aux premières gelées, surtout si les bacs sont installés à l'abri des premiers froids. Coupez les légumes un par un à leur base. Évitez de tordre les tiges des plants, ce qui abîmerait la plante. Un seul plant bien arrosé et positionné peut produire jusqu'à 3 kilos. Récoltez des fruits pas trop gros pour favoriser l'apparition de nouvelles fleurs et empêcher que la sève ne soit « pompée » par les gros fruits. Les courgettes longues peuvent être récoltées toutes petites avec leurs fleurs, que vous pourrez farcir de ricotta et cuire au four.

Astuce

N'attendez pas que vos courgettes deviennent géantes pour les récolter, les graines prennent le pas sur la chair qui devient fibreuse et amère. Récoltez les graines, faites-les sécher et ressemez-les dans des pots pour le printemps suivant.

courgette

Je la cuisine

Pâtes au four

Coupez **1 courgette** en rondelles et **200 g de potimarron** en cubes. Faites cuire la courgette à feu moyen dans **un filet d'huile d'olive** une dizaine de minutes et le potimarron dans de l'eau bouillante salée jusqu'à qu'il soit tendre. Faites ensuite frire **2 oignons** émincés. Concassez une **poignée de noisettes**. Faites cuire **200 g de penne** dans de l'eau bouillante salée durant 8 minutes. Égouttez les pâtes et le potimarron. Disposez pâtes et légumes dans une sauteuse allant au four, bien beurrée. Salez et poivrez. Saupoudrez de noisettes et **de parmesan râpé**. Enfournez 10 minutes à 200 °C.

Gratin de courgettes

L'alliance de la tomate avec la courgette est un classique, encore plus savoureux avec des courgettes fraîchement cueillies. Émincez **4 pommes de terre** et **2 courgettes**. Alternez les légumes en spirale dans un plat à tarte bien huilé. Ajoutez **1 brique de coulis de tomates**, salez et poivrez, saupoudrez de **basilic haché** et enfournez 30 minutes à 200 °C. Couvrez de papier d'aluminium si la cuisson va trop vite. Dégustez chaud ou froid !

Poêlée de légumes

En toute simplicité, une petite recette pour les soirées d'été. Coupez en petits cubes **1 courgette** et **2 tomates.** Émincez **1 oignon**, faites-le revenir dans **un filet d'huile d'olive** à feu moyen. Ajoutez les courgettes et les tomates, laissez cuire 15 minutes à feu vif. Ajoutez **quelques feuilles de basilic ciselées**, salez, poivrez bien. Mélangez et poursuivez la cuisson 5 minutes. Servez avec **du basilic frais** et du pain grillé !

Saumon grillé aux courgettes

Lavez et détaillez en spaghettis **2 courgettes vertes**. Faites-les blanchir 5 minutes dans de l'eau bouillante salée. Prélevez **le zeste d'une mandarine** et pressez le jus. Faites cuire **2 darnes de saumon** à la poêle dans **un filet d'huile d'olive, une pincée de fleur de sel** et **du poivre** durant 4 minutes. Ajoutez le jus et le zeste de la mandarine et faites réduire 1 minute. Servez avec **de la coriandre fraîche**, **un peu de roquette** et **une boule de sorbet à la mandarine**.

Salade vitaminée

Coupez **200 g de poulet** en cubes. Faites-les mariner 30 minutes dans **2 cuillères à soupe d'huile d'olive**, **1 cuillère à café de vinaigre balsamique**, **1 cuillère à soupe de thym**, **du sel** et **du poivre**. Lavez et séchez **deux courgettes** longues. À l'aide d'une mandoline, réalisez des tagliatelles. Coupez en fines tranches **1 kaki** et **un demi-fenouil**. Lavez et effeuillez **1 endive rouge**. Faites cuire le poulet mariné à la poêle. Dressez les assiettes avec un fond de roquette, les feuilles d'endives, le kaki, le fenouil, les courgettes et le poulet. Salez et poivrez. Parsemez d'**amandes concassées** et de **thym frais**.

Galettes de quinoa aux courgettes

Détaillez **1 oignon** et **2 courgettes** en petits cubes. Faites revenir 10 minutes dans une poêle avec **de l'huile d'olive.** Salez et poivrez. Faites cuire **100 g de quinoa** dans de l'eau bouillante salée, égouttez et réservez. Mélangez les légumes, **2 œufs**, **50 g de parmesan** râpé. Salez et poivrez. Ajoutez le quinoa et formez des galettes avec les mains humides et froides. Faites revenir 5 minutes à feu moyen dans une poêle avec un peu d'huile. Dégustez avec **du parmesan** en lamelles.

Je la cuisine

haricot vert

Je le cultive

Frais cueillis, le haricot vert est sans doute l'un des meilleurs légumes. Sur un balcon ou en intérieur, on peut le cultiver facilement dans sa variété dite naine. À essayer !

Plantation du haricot nain

Les haricots nains peuvent être cultivés dans des bacs ou des jardinières hautes, pour éviter que la terre ne se dessèche. Attention aux expositions trop fortes au soleil et soignez l'arrosage, essentiel pour obtenir de bonnes récoltes.
Vous pouvez semer des haricots ou chercher de jeunes plants en jardineries, mais c'est plus rare, car les semis sont simples à réussir. Les semis ne lèvent qu'à partir de 12 à 14°, pratique pour la culture en intérieur. Arrosez le terreau et formez des petits trous d'environ 5 cm de profondeur tous les 20 cm.

Déposez 5 graines dans chaque trou, recouvrez d'un peu de terre, mais pas trop. N'arrosez plus. Surveillez la levée des semis, une semaine plus tard, et relevez délicatement la terre autour des plantules. Opération à renouveler une à deux fois au fur et à mesure de la croissance des haricots nains. Arrosez bien au pied à chaque opération. Ensuite, laissez-faire la nature. Le haricot nain ne se taille pas et il faut surtout laisser le feuillage du haricot pousser. Il protège les gousses des rayons du soleil et permet l'échelonnement des récoltes. Les récoltes commenceront 6 à 8 semaines après le semis.

Arrosez les bacs au pied une fois par semaine et, surtout si vous plantez en intérieur, au moins une fois par semaine, et exclusivement au pied des haricots nains. Il se peut que sur le balcon, vous constatiez la présence de limaces, utilisez du Ferramol autour des jeunes plants.

Lequel choisir ?

Parmi les variétés étonnantes, alternez les semis de haricots verts nains comme le Castarde, très résistant, avec le haricot Amethyst, à la couleur pourpre. Le haricot nain Fleuret est très remontant et on peut le déguster tard en saison. Autre variété savoureuse, le haricot Fructidor aux gousses jaunes. Enfin, notre préféré, le haricot Sanssoucy (cela ne s'invente pas). Ses belles gousses vertes poussent au-dessus du feuillage, facilitant la récolte.

Avec quoi je le plante ?

Le haricot est un légume gourmand en nutriments. On peut l'installer avec des herbes aromatiques comme la sarriette ou le thym, ou à côté d'autres légumes comme les choux, les carottes ou les courges. Évitez en revanche la proximité avec l'ail, les poireaux, les oignons ou la ciboulette.

Comment je le récolte ?

Préférez les récoltes du matin et pincez les gousses pour les détacher des tiges. Laissez en place les plus petites gousses pour leur laisser le temps de grandir.

Astuce

Résistez à la tentation de semer tous les haricots en même temps. Échelonnez les semis tous les 15 jours et cueillez-les tout fins et pas trop gros. C'est ainsi qu'ils sont exquis.

haricot vert

Je le cuisine

Haricots verts épicés

Faites cuire **300 g de haricots verts** fraîchement cueillis et équeutés dans de l'eau bouillante salée. Hachez **200 g de Belachan** ou **pâte de crevettes**. Faites revenir dans **un filet d'huile de sésame**, ajoutez les haricots, **une pincée de piment**, **une pincée de paprika** et **une pincée de sel**. Dégustez avec **un verre de lait**, pour apaiser le piment !

Wok de haricots verts

Faites cuire **300 g de haricots verts frais** équeutés dans de l'eau bouillante salée jusqu'à ce qu'ils soient légèrement fondants. Découpez **200 g de filet de dinde** en lamelles, faites revenir dans **un filet d'huile de sésame** avec **1 cuillère à café de gomasio**. Ajoutez les haricots et **quelques feuilles de persil**. Salez et poivrez. Servez avec **une poignée d'amandes effilées** !

La belle verte

Faites cuire **100 g de sarrasin** décortiqué, **150 g d'edamame** et **100 g de haricots verts**. Zestez **½ orange**, récupérez son jus, mélangez-le à **2 cuillères à soupe d'huile d'olive** et **1 cuillère à soupe de vinaigre balsamique**. Pochez **2 œufs** 5 minutes dans de l'eau bouillante avec **une pointe de vinaigre**. Mélangez tous les ingrédients sauf les œufs, ajoutez **une pincée de fleur de sel** et **une pincée de paprika**. Servez la salade avec **un œuf poché** au-dessus et **un peu de sarrasin grillé** !

LUNCHBOX

Préparez une lunchbox pour profiter de vos récoltes même au travail ! Faites cuire **150 g de haricots verts**. Faites griller **150 g de bacon** à la poêle. Battez **4 œufs** en omelette, ajoutez **du sel**, **du poivre** et **une pincée de ciboulette fraîche hachée**. Faites cuire l'omelette à la poêle dans **un filet d'huile d'olive**. Composez votre lunchbox avec un peu de riz, des crudités et un dessert ! *À consommer dans les 24 heures.

CABILLAUD SUR SON LIT VERT

Faites cuire **100 g de pois mange-tout**, **100 g de petit-pois**, **100 g de haricots verts** et **100 g de chou Romanesco** à la vapeur. Faites-les revenir à feu doux dans **un filet d'huile d'olive** avec **une pincée de paprika** et **une pincée de fleur de sel**. Faites cuire **200 g de dos de cabillaud** au court-bouillon une dizaine de minutes. Faites revenir **1 échalote émincée** dans **25g de beurre**, ajoutez **10 cl de crème fraîche** avec **un trait de jus de citron**, **du poivre du moulin** et **quelques feuilles de basilic** émincées. Servez le poisson avec la sauce et **une feuille de basilic frais**, sur son lit de verdure !

BAMI

Un petit tour par l'Indonésie pour découvrir une nouvelle facette des haricots ! Faites cuire **300 g de haricots verts**. Trempez **200 g de vermicelles chinois** dans de l'eau tiède, égouttez bien. Faites revenir **1 oignon** et **1 gousse d'ail** émincés dans **1 cuillère à soupe d'huile de sésame**, ajoutez **200 g de blanc de poulet** coupé en lamelles. Ajoutez **les haricots**, **10 cl de sauce soja**, **une pincée de gingembre** en poudre. Ajoutez les vermicelles et laissez cuire à feu doux 10 minutes. Rectifiez l'assaisonnement et servez avec **des graines de sésame** !

laitue

Je la cultive

Crues ou cuites, les feuilles des salades et laitues sont des légumes faciles à cultiver en intérieur ou sur un balcon. De toutes les couleurs, du vert tendre au pourpre foncé, et de toutes formes, au port érigé ou aux feuilles dentelées, elles forment des décors ravissants.

Comment je la cultive ?

Deux solutions s'offrent à vous pour avoir de belles salades et laitues : le semis ou le jeune plant. Dans les deux cas, ces légumes ont besoin d'un terreau riche. Pour aller vite, préférez les jeunes plants, disponibles dans les jardineries à partir de février-mars.

Installez-les tous les 30 cm, n'enfoncez pas le collet de la plante et arrosez en pluie fine après avoir délicatement tassé le terreau. En extérieur, protégez les jeunes plants des oiseaux, présents dans le ciel des villes. Arrosez les jeunes plants de salades et de laitues au moins une fois par semaine, en évitant de mouiller les feuilles. Les récoltes pourront commencer deux mois environ après la plantation. Pour profiter de récoltes toute l'année, alternez semis et installation de jeunes plants.

Laquelle choisir ?

Optez pour les salades et laitues ne pommant pas (c'est-à-dire qu'elles ne se transforment pas en tour de Pise si vous ne les récoltez pas régulièrement), dites salades et laitues à couper. Les variétés 'Red Bowl' ou feuilles de chêne rouges ou vertes sont idéales pour cet usage. La Lolo rossa, rouge, Senorita, presque bordeaux et Lolo Bionda, vert tendre, et leurs feuilles frisées font du volume dans les salades.

Autres salades très facile à semer, les mélanges de mesclun ou la roquette. Il existe même des mélanges de semis intégrés dans des rubans, qu'il suffit d'installer sur une longue jardinière. Tassez légèrement et arrosez. Il ne reste plus qu'à attendre la première récolte !

Avec quoi je la plante ?

Les laitues prennent de la place et en ont besoin pour donner plusieurs récoltes. Installez-les en solo dans un grand bac ou mélangez-les avec des plantes peu gourmandes comme certaines aromatiques, ciboulette, persil, basilic.

Comment je la récolte ?

Coupez les jeunes pousses à 3 cm environ avec des ciseaux de cuisine. Récoltez par zones de plantation ou en choisissant un jeune plant sur deux pour laisser le reste des plantations pousser. Récoltez rapidement avant de consommer pour profiter au maximum de la fraîcheur et des vitamines de ces légumes. En fonction des variétés, laitues, mais aussi mesclun varié, on peut compter sur 4 à 5 récoltes durant toute la saison.

Astuce

Si les feuilles de laitue sont endommagées par le gel ou par la visite inattendue d'un chat ou d'un oiseau, coupez-les et la plante repartira !

laitue

Je la cuisine

Laitue au bacon

Prévoyez **deux belles feuilles de laitue à couper**. Faites revenir **150 de bacon ou de jambon de pays** en lamelles dans **un filet d'huile d'olive**. Salez et poivrez. Épluchez **un bel avocat** et détaillez-le en cubes. Ajoutez **un peu de jus de citron**, poivrez. Lavez et émincez **quelques radis rouges**. Répartissez le jambon, l'avocat et les radis sur les feuilles de laitue. Poivrez bien et terminez avec **un filet d'huile**.

Salade à la niçoise

Cette salade complète est juste divine avec ses feuilles de laitue fraîchement coupées. Tapissez un saladier avec **des feuilles de laitue**. Ajoutez **un œuf dur** coupé en deux, **quelques tomates cerise**s, **2 anchois à l'huile** et **quelques olives de Nyons** à l'huile. Ajoutez **deux cuillères à soupe d'huile d'olive** et le jus d'**un citron bio**. Salez et poivrez.

Salade italienne

Dans de grands bols individuels, disposez **quelques feuilles de laitue**, **un peu de roquette**, **de la menthe** et **du basilic**. Ajoutez **un demi-melon** épluché, vidé et découpé en petits cubes. Tranchez très finement **quelques tranches de jambon cru** et ajoutez-les sur le melon. Découpez **5 tomates cerise** en deux et enfilez-les sur des piques à brochettes en les alternant avec **des billes de mozzarella**. Ajoutez **3 cuillères à soupe d'huile d'olive**, un jus de **citron** et **du basilic ciselé**. Salez peu et poivrez. Servez frais.

Salade de laitue légère

Lavez et égouttez **1 poignée de feuilles de laitue** par personne. Tranchez finement **5 champignons de Paris** et **une belle poire**. Lavez et ciselez **quelques branches de ciboulette** et **des feuilles de roquette**. Décortiquez **une poignée de noix**. Émiettez **50 g de roquefort**. Mélangez le tout. **Salez** et **poivrez**. Ajoutez **quelques baies roses** et terminez avec **un filet d'huile de noix** et **quelques gouttes de vinaigre balsamique blanc**.

Velouté de laitue

Faites revenir 5 minutes **une échalote** épluchée et émincée ainsi qu'**une gousse d'ail** épluchée avec **un peu d'huile d'olive**. Ajoutez **une belle poignée de feuilles de laitue** par personne, **1 grand verre d'eau**, **1 tablette de bouillon** et **1 pomme de terre** épluchée et détaillée en cube. Portez à frémissement et faites cuire 20 minutes. **Salez** et **poivrez**. Ajoutez **100 g de fromage frais de chèvre** et mixez le tout quelques secondes. Servez tiède ou chaud avec **des amandes effilées** et **des feuilles de salade**.

Tartines thon laitue

Découpez **une baguette** en trois dans la longueur puis dans l'épaisseur. Badigeonnez chaque tartine avec **de l'huile d'olive**, frottez avec **une gousse d'ail**. **Salez** et **poivrez**. Faites-les griller 5 minutes sous le gril du four. Émiettez une boîte de **200 g de thon à l'huile**. Ajoutez **une poignée de feuilles de laitue ciselée**, **quelques tiges de ciboulette ciselée** et **deux carottes** finement râpées. **Salez** et **poivrez**. Mélangez bien et recouvrez les tartines avec le thon. Servez frais.

Je la cuisine

oignon vert

Je le cultive

L'oignon dans ma cuisine ? Oui les oignons dits verts poussent très bien dedans comme dehors. Plein de vitamines et de saveurs, pourquoi s'en priver ?

Comment je le cultive ?

L'oignon peut se semer ou se planter en jeunes plants. Les jardineries proposent de très nombreuses variétés d'oignons et il est beaucoup plus simple d'obtenir des récoltes rapides ainsi. Préférez les variétés proposées en bottes plutôt qu'en godets individuels (plus chers).

L'oignon appréciera un bac haut d'environ 50 cm, bien drainé, rempli de terreau enrichi et bénéficiant d'une exposition bien ensoleillée.
Installez les jeunes oignons tous les 10 cm, comblez avec la terre, arrosez copieusement. Vous pouvez planter dès février-mars en intérieur, pour des récoltes quelques semaines plus tard.
L'avantage des oignons verts réside dans le fait qu'ils n'ont pas besoin de beaucoup d'arrosage, surtout s'ils sont plantés dehors. En intérieur, arrosez régulièrement pour éviter au terreau de sécher.

Lequel choisir ?

Certaines variétés d'oignons sont très faciles à faire pousser en pot, dedans comme dehors. Vous pouvez même démarrer les semis en fin d'été, rentrer les pots et les ressortir aux premiers jours du printemps. Optez pour les variétés 'Lisbon' très compacte, ou 'Laser' qui est très vigoureuse et devra être installée dans un bac d'au moins 40 cm de hauteur. Si vous souhaitez surprendre vos convives, essayez l'oignon poireau Ishikura au long fût blanc, délicieux une fois ciselé dans les salades et les plats exotiques, ou bien l'oignon rocambole, très particulier et délicieux. Tout se consomme chez lui, les bulbes souterrains et aériens, les tiges et les jeunes feuilles qui se rapprochent de la ciboulette.

Avec quoi je le plante ?

Plantez-le au soleil, à côté de légumes-feuilles, salade à couper ou herbes aromatiques. Éloignez-le en revanche des haricots et des choux. Ce sont des légumes gourmands qui se feront concurrence.

Comment je le récolte ?

Installez les oignons en plusieurs fois pour étaler les récoltes. Tirez délicatement sur chaque tige pour récupérer le bulbe. Si vous récoltez les oignons jeunes, vous pourrez tout consommer, tiges, bulbes et même essayer de faire frire les filaments blancs des bulbes. Délicieux en apéro.

Astuce

Peu calorique, l'oignon est un légume bourré de fibres, de potassium et de vitamine B9. À consommer fréquemment cru, cuit, en soupe, tarte ou simplement à la croque-au-sel.

oignon vert

Je le cuisine

SALADE OIGNONS ET ENCORNETS

Faites cuire **150 g de fèves** écossées et **100 g de haricots verts** à la vapeur. Faites revenir **200 g d'encornets** coupés en rondelles dans **une noix de beurre** à feu vif, 3 minutes. Coupez le feu, couvrez et laissez reposer 20 minutes. Émincez finement **2 oignons verts**, **50 g de chou rouge** et **1 demi-poivron rouge** épépiné. Mélangez tous les ingrédients refroidis avec **3 cuillères à soupe d'huile d'olive**. **Salez**, **poivrez** et servez avec **de la menthe fraîche** !

SPAGHETTIS DE CONCOMBRE, ŒUFS ET OIGNONS FRITS

Faites cuire **4 œufs de caille** 4 minutes dans de l'eau bouillante salée. Émincez **3 oignons verts**, trempez-les dans **1 œuf battu** avec u**ne pincée de paprika** et **de piment d'Espelette**, puis dans **3 cuillères à soupe de farine**. Faites frire à la poêle dans un fond d'**huile de tournesol**. Une fois cuits, disposez les lamelles sur un papier absorbant et écrasez pour obtenir de petits morceaux. Réalisez des spaghettis avec **½ concombre** à l'aide d'un spiraliseur. Formez des nids avec les concombres. Ajoutez **un filet d'huile d'olive**, **du thym frais**, **quelques noisettes**, salez et poivrez. Déposez les œufs et les oignons.

OIGNONS FARCIS

Épluchez et évidez **une dizaine d'oignons moyens**. Écrasez **100 g de pois chiches** cuits et mélangez avec **1 poivron rouge** épépiné et détaillé en cubes et q**uelques feuilles de persil**. Ajoutez **1 cuillère à soupe d'huile d'olive, 1 cuillère à soupe de purée de sésame**, **une pincée de paprika**. **Salez** et **poivrez.** Farcissez les oignons du mélange et faites-les rôtir 10 à 15 minutes à 210 °C. Servez avec de la semoule.

Tartine aux oignons

Détaillez finement **1 courgette**, **1 aubergine**, **1 poivron rouge** et **3 oignons verts**. Faites-les revenir dans une sauteuse avec **3 cuillères à soupe d'huile d'olive**, 15 à 20 minutes. Faites griller **4 grandes tranches de pain de campagne**, tartinez d'**un peu de chèvre frais**. Disposez les légumes par-dessus et saupoudrez de **pignon de pin**. Servez avec **une pincée de fleur de sel**, **du thym** et **romarin frais** !

Tartelettes tatins d'oignons

Faites revenir **100 g de petits oignons** 10 minutes avec **10 g de beurre**. Couvrez-les d'eau tiède, ajoutez **20 g de sucre** et laissez caraméliser à feu doux 15 à 20 minutes. **Salez** et **poivrez**. Mélangez **150 g de farine** avec **une pincée de sel,** sablez du bout des doigts avec **75 g de beurre** à température ambiante. Ajoutez **4 cl d'eau**, formez une boule et laissez reposer 30 minutes au frais. Découpez des fonds de tarte de la taille des moules à tartelettes. Huilez bien. Disposez les oignons caramélisés au fond de petits moules à tarte, recouvrez de la pâte brisée, faites cuire 15 minutes au four à 200°. Retournez, servez !

Pickles d'oignons

Votre récolte a été très, voire trop fructueuse ? Pas de panique, faites des pickles et conservez ainsi le fruit de votre potager ! Portez à ébullition **25 cl de vinaigre** avec **6 cl d'eau**, **1 cuillère à soupe de jus de citron**, **1 cuillère à café de sucre** et **1 branche de thym**. Épluchez et coupez à ras **une botte d'oignons verts**, placez-les dans un bocal stérile. Ajoutez **des fleurettes de chou-fleur** et **des rondelles de carottes.** Versez le liquide bouillant sur les oignons, fermez et laissez macérer au moins 1 semaine avant de les déguster. Parfait en apéritif ou pour sublimer un plat !

Je le cuisine

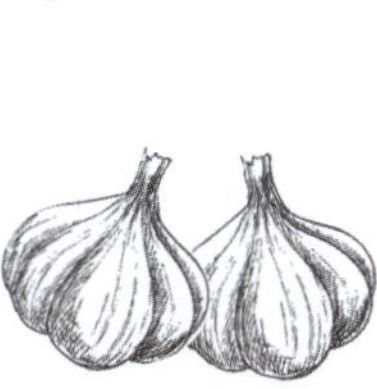

piment

Je le cultive

Piments ou poivrons ? Seul leur goût change. Les piments sont à manier avec précaution et peuvent se révéler redoutables dans l'assiette. On peut les cultiver sur un balcon ou en intérieur si l'on fait attention à l'arrosage.

Comment je le cultive ?

Le piment peut se cultiver en bac sur une terrasse ou dans un grand pot sur un balcon ou en intérieur. Prévoyez un contenant d'au moins 60 cm de hauteur, car le piment est gourmand. Préférez la plantation en plants avec une exposition très ensoleillée. Espacez les plants de 40 cm et

enfoncez-les d'environ 15 cm dans du terreau enrichi. Recouvrez de terre fine, arrosez sans noyer les plants. Après plantation, vous pincez la tige principale des plants de piments si vous ne voulez pas que les pieds soient très hauts. L'arrosage doit être régulier, surtout en intérieur. Sur le balcon, évitez les courants d'air et protégez les plants avec un voile d'hivernage si vous craignez le gel.

Lequel choisir ?

Il existe plusieurs tailles de piments. Si vous aimez le goût du piment, mais pas son piquant, cultivez le Doux des Landes (1/10), aux fruits minces et longs. Il pousse bien au nord de la Loire. Le Gorria (4/10) est le piment à la base du piment d'Espelette. Il forme des fruits courts et charnus que l'on fait sécher avant de le réduire en poudre. Pour changer des variétés courantes, essayez le piment Hot Lemon aux longs fruits jaune pâle, très fort en piquant et proche du Cayenne, le Noir de Hongrie, formant des fruits foncés en forme de cônes.

Il est moyennement piquant (5/10). Enfin, l'un des plus décoratifs, le piment Bishop Crown aux petits fruits en forme de couronne, passe du vert au rouge vif, est moyennement piquant, légèrement sucré et pousse bien en intérieur. Il a besoin de chaleur et de beaucoup d'arrosages.

Avec quoi je le plante ?

Le piment peut être installé dans une jardinière dédiée aux légumes de soleil, à côté de petites aubergines, de tomates et de poivrons. À ses pieds, plantez du basilic et de la ciboulette. Si vous voulez faire un tour de monde des piments, installez plusieurs plants de variétés différentes dans un bac rond avec les bonnes étiquettes pour éviter les mauvaises rencontres.

Comment je le récolte ?

Les premiers fruits vont se former environ 5 à 6 semaines après la plantation. Détachez les fruits en les tournant sur eux-mêmes sans casser les tiges. Poursuivez les arrosages et les ajouts d'engrais pour stimuler la pousse, particulièrement si vous avez planté les piments en intérieur. 1 pied peut donner environ 500 g de fruits, que vous pouvez consommer frais ou conserver dans l'huile d'olive. On peut aussi les sécher et les réduire en poudre pour pimenter les plats toute l'année.

Astuce

L'échelle de Scoville qui mesure la force des piments va de 0 à 10. Les piments doux donnent de bons résultats sous des latitudes fraîches. En revanche, les piments les plus forts ont besoin de plus grosses chaleurs.

piment

Je le cuisine

Spaghettis au piment et câpres

Faites revenir **250 g de veau haché** avec **1 piment émincé** et **quelques câpres dessalées**, dans **un filet d'huile d'olive**. Salez peu et poivrez. Faites cuire **125 g de spaghettis** dans de l'eau bouillante salée. Servez avec **quelques piments frais**.

Pintxo espagnol

Un petit tour par l'Espagne pour une recette toute simple, afin de déguster nos piments frais ! Découpez **1 baguette** en tranches. Préparez **4 œufs en brouillade**, ajoutez **1 cuillère à soupe de ciboulette** et **1 piment frais émincé**. Salez et poivrez. Disposez une petite portion sur chaque morceau de pain avec **des copeaux de jambon cru**. Parfait pour l'apéritif !

Salade de bœuf

Recyclez vos restes de rôti de bœuf avec cette belle salade de nouilles ! Faites cuire **150 g de nouilles aux œufs** dans de l'eau bouillante salée. Émincez **100 g de chou rouge**, **1 oignon nouveau** et **1 piment**. Râpez 1 carotte. Concassez **une poignée de cacahuètes**. Mélangez tous les ingrédients avec **2 cuillères à soupe d'huile de sésame**, **1 cuillère à soupe de jus de citron vert**, **1 cuillère à soupe de Nuoc-Mam** et **quelques feuilles de coriandre**. Salez et poivrez. Servez avec **des quartiers de citron vert**.

Salade de thon pimenté

Versez dans un saladier **150 g de haricots rouges ou blancs** au naturel. Émincez **1 oignon rouge**, **1 piment rouge** et **3 tranches de citron confit**. Snackez quelques minutes **200 g de filet de thon rouge** dans **1 cuillère à soupe d'huile de sésame**. Détaillez-le en tranches. Salez et poivrez. Mélangez les haricots, l'oignon, le piment, le citron avec **1 cuillère à soupe d'huile de sésame** et **de la coriandre fraîche**. Ajoutez le thon et servez tiède ou frais.

Bouillon pimenté aux gnocchis

Détaillez en rondelles **3 champignons de Paris**, **1 oignon nouveau**, **1 piment rouge**, **½ citron vert**. Coupez en morceaux **2 bâtons de citronnelle** et en petits cubes **1 morceau de gingembre** de 3 à 5 cm. Disposez tous les ingrédients dans **½ l d'eau** avec **2 cuillères à soupe d'huile de sésame**, **1 cuillère à soupe de Nuoc-Mam** et **des feuilles de coriandre**. Portez à frémissement et laissez réduire 10 minutes. Ajoutez ensuite **200 g de gnocchis de patates douces**, laissez cuire jusqu'à ce qu'ils remontent en surface. Servez avec **du piment** et **de la coriandre fraîche**.

Poisson et crevettes pimentées

Disposez dans une sauteuse **200 g de colin ou de cabillaud**. Ajoutez **100 g de crevettes décortiquées**, **1 piment vert** émincé, le zeste râpé d'**un citron bio**. Salez et poivrez. Ajoutez **25 cl de lait de coco** et **2 cuillères à soupe d'huile de sésame**. Faites cuire 10 à 15 minutes à feu moyen en fonction du poisson. Ajoutez **de la coriandre fraîche** et **du piment**.

Je le cuisine

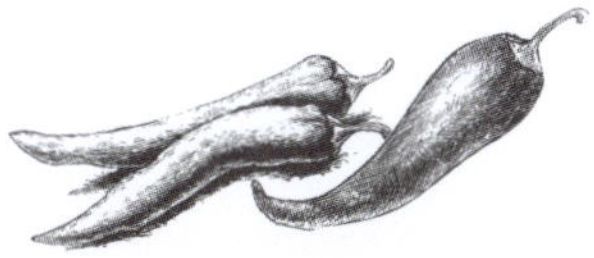

poivron

Je le cultive

Le poivron, ce légume de la famille des tomates et des pommes de terre apprécie la chaleur et l'humidité. On peut le cultiver sur un balcon ou en intérieur si l'on fait attention à l'arrosage.

Comment je le cultive ?

Le poivron peut se cultiver en bac sur une terrasse ou dans un grand pot sur un balcon, ou en intérieur.

Prévoyez un contenant d'au moins 60 cm de hauteur, car le poivron apprécie les terres riches. Préférez la plantation en plants avec une exposition ensoleillée. Espacez les plants de 40 à 50 cm et enfoncez-les d'environ 15 cm dans du terreau enrichi. Recouvrez de terre fine, arrosez sans noyer les plants.

Après plantation, vous pouvez pincer la tige principale du poivron si vous ne voulez pas que les pieds soient très hauts. L'arrosage doit être régulier surtout si le poivron est installé en intérieur.

Lequel choisir ?

Les poivrons existent en plusieurs couleurs, jaune, blanc ou orange en dehors du poivron classique, qui passe du vert au rouge.

Parmi les poivrons à cultiver dedans ou dehors et qui sortent de l'ordinaire, on pourra choisir le poivron California wonder, aux gros fruits carrés, doux au goût et résistants aux maladies, qui existe en version rouge et en version orangée ou bien le poivron doux des Landes, un fruit très long et mince, facile à accommoder dans les salades ou encore le

poivron Corno di Toro Rosso, qui donne de petits fruits, les premiers de la saison. Enfin, le poivron Sweet banana passe du jaune clair au rouge foncé. Il est particulièrement doux.

Avec quoi je le plante ?

Le poivron peut être installé dans une jardinière dédiée aux légumes du soleil, à côté de petites aubergines, de tomates et de piments. À ses pieds, plantez du basilic. Si vous aimez beaucoup les poivrons, installez plusieurs plants dans un bac, au pied d'un mur bien exposé et palissez les tiges sur un treillage.

Comment je le récolte ?

Les premiers fruits vont se former environ 1 mois après la plantation. Poursuivez les arrosages et les ajouts d'engrais pour stimuler la pousse des poivrons, et particulièrement si vous les avez plantés en intérieur. Profitez des différents stades de maturation. Commencez les récoltes en juillet lorsque les fruits sont verts et laissez-en mûrir quelques-uns pour en profiter jusqu'à fin de la saison. Les poivrons très mûrs possèdent un goût plus sucré que les premiers récoltés. 1 pied peut donner de 700 g à 1 kilo de fruits, que vous pouvez consommer frais ou conserver dans l'huile d'olive.

Astuce

Installez des tuteurs dans vos bacs pour aider les pieds de poivron à tenir droit, surtout sur les balcons exposés aux courants d'air.

poivron

Je le cuisine

Tortilla

Coupez en rondelles **2 pommes de terre**, faites-les revenir dans **une noix de beurre** à feu moyen pendant 30 minutes. Émincez **1 poivron rouge**, **quelques feuilles de basilic** et ajoutez aux pommes de terre. Battez **6 œufs** en omelette avec **5 cl de lait**, **du sel** et **du poivre**. Ajoutez aux légumes, retournez la tortilla à mi-cuisson. Servez avec **une salade de jeunes pousses** !

Roulé de légumes confits

À l'aide d'une mandoline, tranchez en lamelles **1 grande courgette**, **1 aubergine**, **1 poivron jaune** et **1 poivron rouge**. Enduisez les légumes d'**huile d'olive**, **salez** et **poivrez**. Faites-les cuire 20 minutes à 180 °C. Laissez refroidir puis superposez quelques lamelles de légumes sur **une tranche de jambon de pays**, roulez et maintenez-les avec une pique en bois. Servez avec **une vinaigrette** relevée avec **du basilic** et **de la ciboulette.**

Ballottine de poivron

Épépinez **1 poivron rouge**, **1 poivron jaune** et **1 poivron orange**. Détaillez-les en lamelles. Faites-les confire au four durant 20 minutes à feu doux avec **10 cl d'huile d'olive**. **Salez** et **poivrez**. Coupez dans l'épaisseur **1 filet de dinde** par personne. Disposez au centre **des lamelles de mozzarella**. Salez et poivrez. Entourez les filets de dinde avec les lamelles de poivrons. Disposez dans un plat à four et faites cuire 15 minutes à 180° en couvrant avec un papier aluminium. Servez chaud avec **de la ciboulette** et **quelques feuilles de roquette**.

Panisse aux légumes

Épépinez **1 poivron rouge** et détaillez-le en morceaux avec **10 olives à l'huile**. Faites revenir 15 minutes à feu doux dans une sauteuse avec **deux cuillères à soupe d'huile**. **Salez** et **poivrez**. Portez à ébullition **0,5 l d'eau** avec **1 gousse d'ail** émincée, **1 poignée de gros sel** et **1 cuillère à soupe d'huile d'olive**. Hors du feu, ajoutez **125 g de farine de pois chiche**, fouettez sans cesse jusqu'à disparition des grumeaux. Remettez sur feu doux, mélangez 10 minutes jusqu'à l'obtention d'une pâte épaisse. Ajoutez les légumes et réservez 1 heure dans un plat au frais. Coupez en fins rectangles et faites frire dans une poêle avec un fond d'huile. Servez avec **du jambon de pays** et **des fines herbes**.

Pizza aux poivrons

Quel bonheur de pouvoir placer des légumes cultivés par ses propres soins au cœur de recettes classiques... Étalez **1 pâte à pizza**, ajoutez **100 g de coulis de tomate**, **100 g de mozzarella râpé**, **1 courgette verte**, **1 poivron jaune**, **1 poivron rouge** et **1 oignon rouge** finement émincés. **Salez** et **poivrez**. Arrosez d'**huile d'olive**. Faites cuire 30 minutes à 210 °C. Servez avec **un trait de vinaigre balsamique**, **de la roquette** et **un peu de ricotta**.

Gaspacho de poivron

Coupez-en deux et épépinez **3 poivrons**. Épluchez **6 tomates**. Mixez avec **10 cl d'huile d'olive**, **2 gousses d'ail** émincées et **1 bouquet de basilic**. Épépinez et faites griller **½ poivron rouge** et **½ poivron jaune**. Détaillez-les en très petits morceaux. Faites griller **2 tranches de pain**, étalez **2 cuillères à soupe de pesto** et les morceaux de poivron. Servez le gaspacho saupoudré d'**un peu de poivron grillé et de basilic frais**, avec des mouillettes !

Je le cuisine

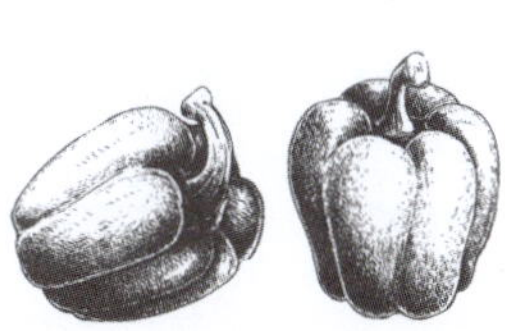

radis

Je le cultive

Le radis est le légume racine favori des jardiniers débutants. Il peut facilement se cultiver dedans et dehors, y compris dans des jardinières basses. Peu calorique il est riche en minéraux et en vitamines, alors autant ne pas s'en priver.

Comment je le cultive ?

Le radis peut se semer toute l'année. On en trouve de toutes les couleurs, de toutes les formes, du petit radis de 18 jours au radis noir autrement appelé raifort ou son cousin asiatique le daïkon. On peut commencer l'année par les

radis dits 'de tous les mois', qui poussent en 1 mois environ, et que l'on peut semer entre février et novembre (en intérieur). Certains radis dits radis d'été supportent sécheresse et fortes températures sans devenir piquants. Le radis noir met pour sa part 3 mois à pousser et nécessitera un bac d'au moins 40 cm de haut. Saupoudrez les graines de radis sur le terreau, recouvrez-les et arrosez finement sans noyer les semis. Pour obtenir des radis de belle taille, supprimez les plants en surnombre lorsqu'ils atteignent 10 cm. Supprimez environ un radis sur deux. Arrosez les radis toutes les semaines, mais il n'est pas nécessaire d'apporter de l'engrais.

N'hésitez pas à biner légèrement autour de radis plantés dans de grandes jardinières, car les arrosages ont généralement pour conséquence l'apparition rapide d'herbe faisant concurrence aux semis.

Lequel choisir ?

Pour des semis ultra rapides, adoptez le radis de 18 jours ou le radis national, que l'on peut récolter entre printemps et fin d'été. Pour un goût différent, adoptez le radis 'Glacial', presque blanc et au goût bien prononcé, le radis 'Rose de Pâques' en forme de petite carotte allongée rose vif ou encore le radis 'Rougette', tout rond, tout rouge et très doux. Essayez également le radis 'Noir Long d'Hiver' qui poussera en 3 mois environ. Très diététique, le radis noir est délicieux en apéritif. À réserver à la plantation en bac à l'extérieur.

Avec quoi je le plante ?

Le radis peut se planter avec beaucoup d'autres légumes et herbes aromatiques. Il fait partie de la famille des choux et peut très bien cohabiter avec des laitues à couper (attention de ne pas confondre les jeunes pousses) ou des haricots verts.

Comment je le récolte ?

Une fois les jeunes pousses éclaircies, attendez que la racine du radis apparaisse et atteigne environ 2 cm de diamètre. Soulevez doucement le radis pour éviter de déranger ses voisins. Laissez les radis les plus petits en place pour de futures récoltes. On a tendance à semer les radis trop serrés ! Poursuivez les arrosages après les premières récoltes pour favoriser la pousse et éviter qu'ils ne deviennent amers. Ne jetez surtout pas les fanes, délicieuses en soupe ou pour accompagner une poêlée de légumes.

Astuce

Pour faciliter le semis de radis, mélangez les graines avec du sable fin pour éviter d'avoir à éclaircir les jeunes plants.

radis

Je le cuisine

Tarte potagère

Cuisez à blanc **1 pâte brisée** 25 minutes. Faites cuire **150 g de petits pois** écossés dans **de l'eau** bouillante salée. Coupez **2 poignées de radis rouges** en deux en conservant une partie de fane. Émincez finement quelques radis. Étalez **200g de fromage frais** dans la pâte à tarte refroidie, salez et poivrez. Disposez les petits pois, les radis et **quelques feuilles de menthe**. Arrosez d'**un filet d'huile d'olive** et servez !

Tartine verte

Une belle tartine pour un déjeuner sur le pouce. Pochez **1 œuf** dans de l'eau chaude frémissante avec **un peu de vinaigre blanc** durant 5 minutes. Coupez **2 asperges** en deux, faites-les cuire à la vapeur, avec **100 g de petits pois surgelés**. Sur **une tranche de pain de campagne grillé**, écrasez la chair d'**½ avocat**, assaisonnez avec **1 pincée de paprika**, et **du persil frais ciselé**. Disposez **les asperges**, **les petits pois** et **des lamelles de radis**, **d'oignons nouveaux** et de **persil**. Salez et poivrez.

Carpaccio de dorade

Laissez macérer au moins 24 heures **1 gousse de vanille fendue** dans **50 cl d'huile d'olive**. Émincez très finement **200 g de filet de dorade fraîche** et **50 g de radis**. Mélangez la dorade avec **2 cuillères à soupe d'huile à la vanille** et **un trait de jus de citron vert**. Salez et poivrez. Servez avec les lamelles de radis.

Maquereaux et pickles de radis

Placez **des radis** entiers lavés dans un bocal. Dans une casserole, portez à ébullition **25 cl de vinaigre de cidre** avec **7 cl d'eau**, **1 cuillère à café de sel**, **1 cuillère à café de sucre** et **1 feuille de laurier**. Retirez du feu dès ébullition, ôtez le laurier et versez sur les radis. Fermez et laissez reposer 2 jours. Faites cuire **2 filets de maquereau** au four avec **du poivre noir**, **de l'aneth** et **un filet d'huile d'olive**. Servez avec les pickles de radis !

Club sandwich végétarien

Étalez **4 cuillères à soupe de fromage frais** sur **trois grandes tranches de pain de mie**, salez et poivrez. Répartissez **1 carotte** râpée, **quelques belles feuilles de roquette** et **100 g de radis** détaillés en rondelles. Superposez les tranches et coupez-les en deux en biais. À emmener partout avec vous !

Soupes de radis

Tout est bon dans le… radis ! Mixez **100 g de cubes de pastèque**, **150 g de radis** frais, **2 cuillères à soupe d'huile d'olive**, **du sel** et **du poivre**. Servez frais ! Faites cuire **300 g de pommes de terre** dans de **½ l de bouillon de légumes.** Ajoutez au dernier moment **les fanes d'une botte de radis** lavées. Salez et poivrez. Mixez, filtrez et servez chaud !

Je le cuisine

tomate cerise

Je la cultive

La pomme d'or, ce fruit merveilleux venu d'Amérique est la star des balcons et des potagers intérieurs. Préférez la tomate cerise très facile à obtenir. Elle est plus rustique que la tomate grand format et il en existe de toutes les formes. Parfait pour l'apéro !

Comment je la cultive ?

La tomate cerise peut être installée en bac à partir de la fin de l'hiver. Prévoyez un contenant d'environ 60 cm de hauteur, des emplacements abrités du vent et un terreau bien

enrichi. Espacez les plants de 80 cm environ et si vous le pouvez, installez-les contre un treillage. Enfoncez les pieds jusqu'au collet, comblez avec du terreau, arrosez copieusement. Les tomates pourront être récoltées environ 2 mois après leur plantation. La plupart des plants de tomate cerise sont dits buissonnants, ils forment naturellement de nombreuses tiges sans avoir besoin d'être pincés. Faites-le quand même pour contrôler la forme des plants. La tomate cerise a besoin de beaucoup d'arrosages sans que le feuillage ne soit mouillé. Un goutte-à-goutte au pied est parfait, surtout pour les plantes installées à l'intérieur. Côté engrais, ajoutez un engrais liquide bio spécial tomates, une fois par mois.

Laquelle choisir ?

À côté des tomates cerises classiques, rondes et rouges, optez pour la variété 'black zebra cocktail', très juteuse et à la chair foncée, la 'brin de muguet' aux fruits oblongs, la 'champagne' aux tous petits fruits jaunes ou la 'mirabelle blanche', bien sucrée.

Testez des formes différentes avec la tomate cerise 'poire jaune' à cueillir très tôt ou la 'prune noire', très juteuse. Pour les plantations le long d'un mur, installez la tomate cerise 'groseille, petit moineau' qui peut être conduite comme une liane grimpante ou l'étonnante tomate cocktail 'clémentine' orangée et bien sucrée.

Avec quoi je la plante ?

La tomate est un fruit gourmand qui a besoin d'un peu de place pour bien produire. Et comme il faut éviter de trop mouiller les feuilles lors de l'arrosage, installez des herbes aromatiques type thym, romarin ou sarriette, qui accompagneront parfaitement vos grappes de tomates cerises.

Comment je la récolte ?

Récoltez les tomates quand elles sont mûres et servez-les rapidement. Elles se conservent mieux sur le plant et là réside tout l'intérêt de se trouver à portée de fourchette du lieu de production. Lorsque vous les cueillez, coupez les grappes en gardant un morceau de tige pour permettre une plus longue conservation. En cas de surproduction, n'hésitez pas à préparer des coulis, des sauces à congeler !

Astuce

Cueillez les tomates sur votre balcon, même en fin d'automne, et faites-les mûrir dans la cuisine, emballées dans une feuille de papier journal.

tomate

Je la cuisine

Pizza végétarienne sans gluten

Mixez **500 g de chou-fleur** jusqu'à l'obtention d'une semoule, pressez pour éliminer l'eau. Mélangez avec **2 œufs battus**, **1 cuillère à soupe de crème fraîche**, **du sel** et **du poivre**. Formez une boule et réservez 30 minutes au frais. Pendant ce temps, coupez en rondelles **10 tomates cerises rouges et jaunes**, **½ aubergine**, **¼ courgette**, **½ poivron jaune** et **½ poivron rouge**, **1 boule de mozzarella** et **1 cœur d'artichaut** à l'huile en quartiers. Étalez la pâte au chou-fleur sur du papier cuisson, répartissez la mozzarella puis tous les autres ingrédients. Salez et poivrez. Saupoudrez de parmesan râpé. Enfournez 40 minutes à 180 °C. Servez avec **de la menthe fraîche** !

Brochettes de bœuf, spécial barbecue !

Impressionnez vos convives avec ces brochettes composées avec les légumes de votre jardin d'intérieur !
Coupez **4 tomates** en quartier, **1 oignon rouge** et **1 oignon blanc** en huit, **1 poivron vert** et **1 poivron jaune** en morceaux. Détaillez **300 g de viande de bœuf** en cubes. Huilez des pics à brochettes et composez les brochettes avec un morceau de chaque ingrédient. Assaisonnez, faites cuire au four position gril et servez avec **de la sauce béarnaise** !

Tartine de tomates veggie

Épluchez **1 patate douce**, coupez-la en fines lamelles, enduisez d'**huile d'olive**, assaisonnez et faites cuire 20 minutes à 180°C. Détaillez **1 avocat**, **1 oignon nouveau** en rondelles et **6 tomates cerises** en deux. Sur les patates douces refroidies, étalez **2 cuillères à soupe de ricotta**, disposez les ingrédients, ajoutez **quelques pousses de roquette**, **de jeunes pousses germées** et saupoudrez de **graines de tournesol** et **de courge**. Assaisonnez d'**un trait de vinaigre balsamique** et savourez !

Tomates cocotte

Voici une recette simple, rapide et inratable. Coupez le haut de **2 belles tomates** et évidez-les. Émincez **1 gousse d'ail**, cassez **1 œuf** à l'intérieur de chaque tomate, ajoutez **l'ail**, salez, poivrez et faites cuire 10 à 15 minutes à 180 °C. Servez avec **une belle branche de thym frais** !

Gnocchis aux tomates

Détaillez **les branches de 1 fenouil** en rondelles, son cœur en quartiers et faites-le cuire à la vapeur. Faites revenir **2 branches de tomates cerises** avec **de l'huile d'olive**, durant 10 minutes à feu vif. Salez et poivrez. Faites cuire 5 minutes **80 g** par personne **de gnocchis** dans de l'eau bouillante salée. Égouttez bien et faites-les revenir à feu doux avec **3 cuillères à soupe de pesto**. Ajoutez les tomates et les fenouils. Faites cuire encore 5 minutes. Servez avec **quelques feuilles de roquette** et **des pignons de pin** !

Velouté rouge

Épépinez, détaillez en morceaux **500 g de tomates**. Faites revenir **1 gousse d'ail** émincée dans **un filet d'huile d'olive**, ajoutez les tomates, laissez revenir 5 minutes. Couvrez avec **½ l de bouillon de légumes**, ajoutez **quelques feuilles de basilic,** laissez mijoter 20 minutes. Mixez le velouté. Faites cuire **80 g de nouilles** par personne dans de l'eau bouillante salée, égouttez et réservez. Faites revenir **1 branche de tomates cerises** par personne avec **de l'huile d'olive** 15 minutes dans une sauteuse. Mélangez le tout et servez avec **du basilic** et **un peu de crème fraîche** !

Je la cuisine

FRUITS

fraise

Je la cultive

La fraise est le délice de l'été. C'est une plante vivace, facile à cultiver en intérieur ou en extérieur. On peut la cultiver en solo dans des tours à fraises en terre cuite ou dans des jardinières avec d'autres petits fruits rouges.

Comment je la cultive ?

Le fraisier peut se cultiver dans un bac très haut, au moins 50 cm, ou dans une jardinière. Mélangez des variétés dites non remontantes, qui donnent des fruits une fois par an, et des variétés dites remontantes qui donneront

des fruits plusieurs fois dans l'année. Utilisez, si vous le pouvez, des pots spéciaux avec des ouvertures disposées tout autour du corps de la poterie. Dans tous les cas, la fraise a besoin d'un terreau bien enrichi et d'apports réguliers d'engrais, surtout si elle est plantée en intérieur et exposée à un air sec. Anticipez également sur les arrosages, qui devront être réguliers et fréquents. Installez les pieds de fraisiers au centre des contenants en ne les enterrant pas trop. Tassez légèrement la terre et arrosez. Prévoyez au minimum un espace de 15 cm entre pieds. Pour donner un look campagne à vos jardinières, paillez le terreau entre chaque pied avec de la paillette de lin.

Laquelle choisir

La star de la culture en pot est la fraise 'Gariguette', car elle produit toute la saison sans interruption. Mariez-la aux variétés 'Ciflorette' ou 'Mariguette', aux fruits allongés. Si vous réservez une place importante aux fraisiers, installez quelques pieds de 'Mara des Bois' au bon goût de fraises des bois.

Pour fabriquer des confitures, optez pour le fraisier 'Gento', qui produit de grosses fraises juteuses jusqu'aux premières gelées. Et tentez le fraisier 'Anabelle' aux bons fruits juteux, qui résiste bien aux maladies. Dans un espace étroit, installez des fraisiers grimpants que vous attacherez sur un treillage.

Avec quoi je la plante

Le fraisier est gourmand et a besoin de place pour donner beaucoup de fruits. Installez-le tout seul dans un pot haut avec des ouvertures sur les côtés. La récolte sera plus simple et l'ensemble plus décoratif. Si vous installez les pieds dans une jardinière, vous pouvez planter à leurs côtés du thym, des tomates cerises ou encore des laitues à couper.

Comment je la récolte

Les récoltes pourront démarrer quelques semaines après la plantation, surtout si vous avez installé des plants bien formés. Elles se feront en juin-juillet pour les fraisiers non remontants ; en juin et en septembre pour les fraisiers remontants. Chaque pied pourra produire jusqu'à 400 g de fruits. Récoltez au fur et à mesure du mûrissement et coupez les gourmands qui s'échappent du pot ou du bac. Il s'agit de longues tiges qui cherchent un peu de terre pour reformer un pied de fraisier. Vous pouvez d'ailleurs les replanter dans des pots individuels ou les offrir à vos amis. Durant les récoltes, ne stoppez pas les arrosages, ni les apports d'engrais. Installés en extérieur les plants de fraisiers peuvent être attaqués par les oiseaux, notamment les pigeons en ville ! Protégez vos bacs et jardinières avec du filet fin.

Astuce

Pour un effet déco ravissant, installez dans une suspension la variété Toscana aux fleurs roses. Elle produit des fraises 'Vivarosa' goûtues et juteuses.

fraise

Je la cuisine

SALADE CHÈVRE ET FRAISE

La fraise se marie parfaitement aux saveurs salées, plus particulièrement avec le fromage. Coupez en rondelles **200 g de fraises** et **200 g de bûche de fromage de chèvre fumé**. Placez **une poignée de mâche** dans deux assiettes, disposez les fraises et le fromage. Arrosez d'**un trait d'huile d'olive et de vinaigre balsamique**. Saupoudrez de **pistaches** et servez !

COMPOTE ROUGE

Coupez **1 pomme**, **300 g de fraises**, **200 g de framboises**, **100 g de cerises en morceaux** et ajoutez **100 g de myrtilles**. Récupérez **le jus de 1 orange**. Placez le tout dans une casserole avec **1 cuillère à soupe de miel**. Laissez compoter 20 minutes. Servez chaud ou froid avec quelques fruits frais, **des amandes effilées** et **un brin de menthe** !

PETITS POISSONS

Mélangez **1 œuf** avec **100 g de cassonade**, **une pincée de sel** et **125 g de beurre fondu**. Ajoutez **100 g de farine de riz** et **150 g de farine de blé**. Formez une boule, laissez reposer 30 minutes au frais. Étalez et formez des biscuits avec un emporte-pièce poisson, enfournez une dizaine de minutes à 180 °C. Une fois refroidis, étalez **un peu de fromage frais**, disposez **des fraises tranchées** pour les écailles et **une myrtille** pour l'œil. Les enfants seront ravis !

Curieuses tomates

La curiosité de cette recette sera de savoir s'il s'agit d'une entrée ou d'un dessert ! Découpez le chapeau de **3 tomates** et coupez **une poignée de fraises** en deux. Déposez-les dans les tomates. Réalisez une chantilly avec **25 cl de crème liquide** et **150 g de mascarpone**, sucrez très légèrement et poivrez.. Servez avec **des zestes d'orange** !

Gâteau de crêpes glacé

Réalisez une pâte à crêpe ; formez un puits dans **250 g de farine**, cassez **4 œufs** et mélangez. Ajoutez **60 cl de lait entier**. Aromatisez avec **1 cuillère à café de rhum**. Ajoutez **20 g de beurre fondu**, laissez reposer puis faites sauter vos crêpes bien épaisses à la poêle. Montez le gâteau en superposant des couches de crêpe, de **sorbet au citron** et de **sorbet à l'abricot**. Servez recouvert de fraises fraîches !

Smoothie aux oursons

Affinez le palais de vos bambins avec les saveurs de fraises fraîchement cueillies. Ce petit smoothie tout doux pour le goûter sera parfait ! Mixez **200 g de fraises fraîches**, **150 g de framboise**, **1 banane**, **100 ml de lait** et **un trait de jus de citron**. Embrochez **de petits oursons** sur les pailles, servez !

Je la cuisine

framboise

Je la cultive

La framboise fait partie des fruits simples à cultiver et agréables à récolter en famille ou avec des amis. Elle s'installe facilement, plutôt sur un rebord de balcon ou une terrasse.

Comment je la cultive ?

Le framboisier est facile à cultiver sur un rebord de balcon, petit ou grand. L'important est d'utiliser un bac ou une jardinière d'au moins 50 cm de haut. Les framboisiers détestent la sécheresse et le terreau de plantation doit être bien épais, pour éviter de sécher au fond. Drainez bien les contenants avec des graviers pour éviter, à l'inverse, que les racines ne se trouvent au contact d'eau stagnante. Prévoyez un emplacement à mi-ombre et proche d'un point d'arrosage pour espérer de belles récoltes. On peut également installer un bac contre un treillage et accrocher les tiges au fur et à mesure de leur croissance. Préparez des trous d'une taille supérieure à celle des godets de plantation, ou d'environ 20 cm de profondeur sur 20 cm de large, si vous plantez les framboisiers à racines nues, notamment à l'automne. Prévoyez 50 cm environ entre plants. Si vous plantez des godets, immergez les quelques instants dans un seau d'eau, dépotez-les, et enfoncez-les légèrement sans enterrer le collet. Comblez les trous, tassez légèrement et arrosez copieusement. Vous pouvez installer les framboisiers toute l'année et espérer les premières récoltes dès l'été suivant. Chaque année, en fin de saison, coupez les tiges mortes à ras pour favoriser une bonne repousse. Ne gardez pas toutes les tiges, une dizaine suffit par pied. Choisissez enfin un engrais bio riche en azote, que vous ajouterez tous les mois. Vous pouvez utiliser de l'engrais liquide, très pratique à manipuler.

Laquelle choisir ?

Préférez les variétés remontantes qui produisent deux récoltes. Choisissez les variétés : Heritage, aux gros fruits bien résistants à la cueillette et qui peuvent être surgelées ; Polka, qui porte de gros fruits à maturation, tôt en saison ; Sumo, qui donne de belles récoltes de grosses framboises rouges entre août et octobre et enfin, Marastar, une variété très remontante donnant beaucoup de fruits très sucrés et goûteux.

Pour varier, et détourner l'attention des oiseaux de vos plantations, préférez les variétés 'Fall gold' ou 'Surprise d'automne' aux gros fruits jaune pâle. Elles sont tout aussi parfumées que les rouges et parfois plus sucrées.

Avec quoi je la plante ?

Afin d'optimiser la place au pied des framboisiers, vous pouvez installer des herbes aromatiques sans trop de racines, comme la ciboulette ou des laitues à couper. Ces légumes faciles profiteront des arrosages des framboisiers.

Comment je la récolte ?

Préférez les framboises dites remontantes, qui donneront des fruits en juin-juillet, puis en septembre-octobre. Si votre balcon est protégé du froid et que vous arrosez bien, vous pourrez récolter jusqu'aux premières gelées. Plus la jardinière ou le bac sera grand et profond, plus les framboisiers donneront de fruits, jusqu'à 1 kilo par pied.

Astuce

Si vous avez besoin de pare-vue sur votre balcon, vous pouvez faire pousser les framboisiers sous forme de haie. Choisissez alors les framboises les moins épineuses !

framboise

Je la cuisine

Canard sucré-salé

Twistez votre magret de **canard** avec une pointe de fraîcheur directement importée de votre potager d'intérieur ! Incisez le gras de **deux magrets**, sans couper la viande, en formant un quadrillage. Faites cuire à feu vif côté peau avec **3 cuillères à café de vinaigre balsamique**, **2 cuillères à soupe de framboises écrasées** et **une pointe de poivre**, environ 5 minutes. Servez avec **du vinaigre de framboise**, **des framboises fraîches** et, pourquoi pas, **une boule de glace à la framboise** !

Milk-shake

Quoi de mieux qu'un milk-shake bien frais pour savourer les framboises du jardin ? Mixez **200 g de framboises fraîches**, **150 ml de lait entier**, **2 boules de glace à la framboise** et **3 cuillères à soupe de glaçons**. Servez de suite !

Pavlova déstructurée

Battez **2 blancs en neige** fermes, ajoutez **115 g de sucre semoule** et **un sachet de sucre vanillé**. Répartissez en rond sur une plaque recouverte de papier sulfurisé et enfournez 45 à 100 °C. Laissez refroidir et concassez la meringue. Placez **une petite poignée de framboises fraîches** au fond d'une verrine, ajoutez **1 cuillère à café de glace à la groseille**, recouvrez de meringue et servez **1 boule de glace à la framboise** au-dessus. Dégustez aussitôt !

Tartine gourmande

Associez les saveurs de la framboise fraîche et du jambon de Pays... L'assurance d'un apéritif d'été réussi ! Faites griller **quelques tranches de pain de campagne**. Étalez **un peu de brousse de brebis**, ajoutez **une pincée de fleur de sel et de piment d'Espelette**. Disposez **une tranche de jambon de pays** et **des framboises fraîches**. Miam !

Muffin aux framboises

Fouettez **2 œufs** avec **100 g de sucre**, **75 g de cassonade** jusqu'à ce que le mélange blanchisse, puis ajoutez **100 g de beurre fondu**. Dans un autre bol, mélangez **100 g de poudre d'amande**, **100 g de farine de blé**, **50 g de maïzena**, **1 sachet de levure** et **une pincée de sel**. Ajoutez en trois temps le sec au liquide. Versez dans des moules à muffins, ajoutez **3 framboises fraîches** dans chaque moule. Enfournez 35 minutes à 180 °C. Parfaits pour le goûter des petits... et des grands !

Syrniki

Décidément, jardiner dans votre intérieur ne vous aura jamais autant fait voyager ! Mélangez **100 g de cottage cheese**, **150 g de yaourt à la grecque**, **1 cuillère à soupe de sucre** et **1 œuf** jusqu'à l'obtention d'une pâte bien homogène. Ajoutez progressivement **2 cuillères à soupe de farine**. Formez des galettes de pâte et déposez-les dans une assiette farinée, faites cuire dans une poêle huilée à feu moyen. Servez avec **des framboises** compotées à la poêle et **des zestes de citron** !

Je la cuisine

kumquat

Je le cultive

C'est un arbuste le plus simple à cultiver dans la famille des agrumes. Certes, comme ses cousins, il ne supporte pas les grands gels, mais peut facilement être cultivé sur un balcon ou en intérieur. À essayer pour le plaisir de déguster des agrumes maison.

Comment je le cultive ?

Le kumquat est un arbuste peu rustique. Que ce soit pour la plantation en bas à l'extérieur ou dans la maison, les règles sont les mêmes. À l'extérieur, prévoyez un emplacement bien ensoleillé et abrité des courants d'air que le kumquat déteste. Prévoyez un bac ou une jardinière d'au moins 60 cm de haut. Ajoutez une bonne couche de drainage au fond du pot avant de remplir le bac aux deux tiers avec un terreau enrichi. Ajoutez du compost. Disposez l'arbuste au centre du bac, tassez et arrosez copieusement. Placez une large coupelle sous le pot, et faites attention à la vider pour éviter l'eau stagnante. Attention à la sécheresse de l'air en hiver et à la chaleur. La température ne doit pas dépasser 15 ° en hiver pour permettre à l'arbuste de fleurir correctement. Dans la maison, réservez-lui les pièces les plus fraîches de la maison. Le kumquat n'a pas besoin de taille particulière. Coupez tout le bois mort et les branches ayant donné des fruits aux trois quarts. Le kumquat a particulièrement besoin d'eau à partir du printemps, surtout s'il se trouve en intérieur. Pour donner de bonnes récoltes, le kumquat a besoin d'apports en engrais. Ajoutez une dose d'engrais liquide au moins une fois par mois, entre mai et novembre.

Lequel choisir ?

Il existe plusieurs familles de Kumquats. Les kumquats marumi ou Fortunella japonica sont tout ronds, ont une peau fine et un goût délicieusement acidulé. Les kumquats nagami ou Fortunella margarita ont une forme plus allongée et leur chair est plus acide. À côté de ces variétés, que l'on peut trouver facilement, vous pouvez installer le kumquat de Hong Kong ou Fortunella hindsii, mais il se révèle moins intéressant et contient beaucoup de pépins.

Plus amusant est le limequat, un croisement entre un citron-lime et un kumquat. Très juteux, son goût se rapproche de celui du citron. Il est remontant et peut fleurir plusieurs fois par an.

Avec quoi je le plante ?

Installez le Kumquat en solo dans des bacs ou de grands pots. Il a besoin de place. En revanche vous pouvez installer à ses pieds de la menthe par exemple.

Comment je le récolte ?

Votre récolte va commencer en hiver principalement, même si certaines variétés sont remontantes et pourront refleurir plus tard dans l'année. Ils sont mûrs lorsque leur peau devient bien orangée. Si le fruit se détache d'un simple mouvement de torsion du pédoncule, c'est qu'il est mûr. Consommez rapidement les kumquats pour éviter qu'ils ne sèchent. Vous pouvez aussi les confire ou en faire de la gelée.

Astuce

Et même si votre arbuste ne produit pas beaucoup de fruits, profitez du délicieux parfum de ses fleurs et de ses feuilles, qui peuvent embaumer toute une pièce.

kumquat

Je le cuisine

Salade orange

Rien de mieux qu'**une salade tout orange**, accompagnée d'**un yaourt** et d'**un peu de granola**, pour démarrer sa journée du bon pied ! Prélevez **les suprêmes de 2 oranges** et **le jus d'une autre orange**. Lavez et coupez **une poignée de kumquats** en rondelles. Mélangez le tout, ajoutez **une pincée de gingembre en poudre** et **un trait de jus de citron**. Servez frais !

Gâteau au sucre Rapadura et kumquat

Fouettez **4 œufs** avec **100 g de sucre Rapadura** et **1 sachet de sucre vanillé** jusqu'à ce que le mélange blanchisse. Ajoutez **100 g de farine tamisée** et **½ sachet de levure chimique** et mélangez bien. Faites fondre **150 g de beurre** et ajoutez à la pâte. Réservez au frais 30 minutes. Pendant ce temps, coupez en fines rondelles **150 g de kumquats** et faites-les revenir à feu doux dans **5 cuillères à soupe de sirop d'érable**. Versez la moitié de la préparation dans un plat beurré, ajoutez les kumquats et terminez avec le reste de la préparation. Enfournez 10 minutes à 210 °C, puis baisser à 180 °C et poursuivez 30 minutes.

Cocktail frais

Pour magnifier un après-midi ensoleillé, rien de mieux qu'un cocktail bien frais. Cela fait toujours son effet de cueillir ses ingrédients devant ses invités... Pressez **2 oranges** et **1 citron**, mélangez à **1 cuillère à soupe de sirop de vanille** et **15 cl de limonade**. Coupez en rondelles **une poignée de kumquats** fraîchement cueillis, disposez-les au fond de verres. Versez le cocktail, servez avec des glaçons !

Porc en papillote

Récupérez les pointes d'**une dizaine d'asperges**, coupez **6 oignons nouveaux** en quart et **une quinzaine de kumquats** en deux. Assaisonnez **2 filets mignons de porc** avec **de l'huile d'olive**, **du sel**, **du poivre**. Placez-les dans du papier cuisson avec les pointes d'asperges, les oignons et les kumquats, refermez le papier et enfournez 20 à 25 minutes à 180 °C.

Gambas de fête

Faites mariner **200 g de kumquats** et **150 g de citron vert** coupés tranchés avec **du gros sel** pendant 24 heures. Rincez-les, laissez-les égoutter pendant 2 heures puis placez-les dans un bocal. Recouvrez d'**huile d'olive** et laissez macérer une semaine. Ôtez la tête de **10 gambas** crues et décortiquez-les en gardant l'extrémité des carapaces. Faites-les revenir dans **un filet d'huile d'olive** avec **un trait de jus de citron vert**. Ajoutez **quelques tranches de citron** et **kumquats confits**, **3 cl de cognac** et **une pincée de poivre**. Servez !

Daurade exotique

Battez légèrement **1 blanc d'œuf** puis ajoutez **1 kilo de gros sel**. Disposez le mélange au four sur une plaque, installez **1 daurade écaillée**, vidée et lavée. Tranchez **1 citron vert**, **10 kumquats** et **½ ananas découpé en tranches**. Placez l'ensemble sur le lit de sel. Ajoutez **une branche de ciboulette** ciselée dans le sens de la longueur. Arrosez d'**huile d'olive**, poivrez et enfournez 20 minutes à 200 °C. Servez avec **du riz basmati** !

Je le cuisine

physalis

Je le cultive

Il possède de multiples noms : le coquelet du Pérou, mais aussi la lanterne japonaise. Ses jolis fruits enfermés dans une fine peau formant un emballage crème sont bons et constituent de jolies décos, dedans comme dehors

Comment je le cultive ?

Le physalis apprécie les expositions ensoleillées. Sur un balcon exposé au sud, il risque de souffrir de coups de chaud. Préférez un emplacement à mi-ombre ! Installez l'arbuste dans un grand bac d'au moins 50 cm de haut ou une jardinière. Prévoyez un bon drainage dans le fond du bac et remplissez-le pour moitié de terre de jardin et pour moitié de terreau enrichi. Enfoncez bien le physalis dans le pot, ne tassez pas trop la terre et surtout arrosez copieusement. Le physalis poussera ensuite très facilement et avec très peu d'entretien. Prévoyez simplement de bien l'arroser en été et si le terreau est trop sec. Pour aider un peu la maturation des fruits, ajoutez un peu d'engrais à tomate à l'eau d'arrosage deux fois par mois.

Lequel choisir ?

À côté du physalis commun, dont le fruit ressemble à une grosse cerise dorée, on peut installer le tomatillo (physalis mexicain). Son fruit oscille entre le violet et le vert. Il est très populaire en Mexique et a une saveur marquée. Le physalis à goût de prune porte lui des petits fruits légèrement sucrés. Il est intéressant, car il est le plus précoce de tous.

Dans de petits espaces, pensez à la cerise de terre ou Physalis pruinosa, qui donne beaucoup de fruits au goût d'ananas et dont les branches se développent au ras du sol.

Avec quoi je le plante ?

Le physalis se plante en solo. Dans une jardinière sur un balcon on peut installer des herbes aromatiques à ses pieds, mais il leur fera de l'ombre.

Comment je le récolte ?

Les récoltes vont généralement commencer à partir de juillet. Tuteurez l'arbuste pour éviter que les branches trop chargées en fruits ne cassent. Récoltez les fruits lorsqu'ils sont bien mûrs, sinon ils seront trop acides pour être consommés. Les Physalis ne se conservent pas très longtemps. Consommez-les crus ou cuits.

Astuce

Gardez quelques tiges avec des fruits et faites-les sécher pour former de magnifiques bouquets secs.

physalis

Je le cuisine

Clafoutis aux physalis

Mélangez **100 g de farine** avec **50 g de sucre**, **1 sachet de sucre vanillé** et **une pincée de sel**. Ajoutez **4 œufs**, fouettez vigoureusement. Ajoutez **20 cl de lait** petit à petit et **40 g de beurre** fondu. Épluchez **100 g de physalis** et placez-les dans des petits plats beurrés. Recouvrez de l'appareil à clafoutis et enfournez 10 minutes à 200 °C puis 20 minutes à 180 °C. Servez tiède ou froid !

Carpaccio de saumon

Tranchez finement **200 g de filet de saumon fumé**. Détaillez **quelques physalis** en 4. Arrosez le poisson de **2 cuillères à soupe d'huile d'olive** et de **2 cuillères à soupe de jus de citron**. Servez avec les physalis, **quelques branches d'aneth** et **des baies de poivre rouge**.

Tatin de pêches et de physalis

Mélangez **4 œufs**, **150 g de sucre** et **une pincée de sel** durant 10 minutes au fouet électrique. Ajoutez **150 g de farine tamisée** et mélangez. Faites cuire 10 minutes à 180 °C. Coupez **5 pêches** en fines tranches. Faites fondre **150 g de sucre à sec**, ajoutez **100 g de beurre** en morceaux. Une fois fondu, ajoutez **80 ml de crème liquide entière**, mélangez et finissez en ajoutant **60 ml de sirop d'érable**. Dans un plat rond, versez le caramel, disposez au-dessus les pêches, **100 g de physalis** et **quelques raisins secs**. Ajoutez la génoise, faites cuire 15 minutes à 180 °C. Retournez et servez tiède.

MOUSSE AU YAOURT

Mélangez **125 g de yaourt à la grecque** avec **2 blancs d'œufs** montés en neige et **1 cuillère à soupe de sucre**. Remplissez des verrines avec **des physalis épluchés**. Ajoutez la mousse de yaourt. Saupoudrez de **copeaux de chocolat** et de **noix concassées**. Laissez prendre quelques heures au frais avant de servir.

SAUMON RÔTI AUX PHYSALIS

Émincez **3 pommes de terre**, **1 courgette** et **1 fenouil**. Disposez sur une plaque à four, salez et poivrez. Arrosez avec **10 cl d'huile d'olive**. Ajoutez **une dizaine de physalis**, **quelques branches de romarin et de thym**. Faites cuire 10 minutes à 180 °C. Ajoutez **4 darnes de saumon sans la peau**, arrosez de **jus de citron**, salez et poivrez. Enfournez à nouveau pour 10 minutes.

MUESLI AUX PHYSALIS

Mélangez **75 g de poudre d'amande**, **75 g de flocons d'avoine** et **50 g de cassonade**. Ajoutez **50 g d'amandes effilées**. Découpez **150 g de physalis** en morceaux et ajoutez-les. Versez **20 cl de lait entier**. Servez avec **des physalis** fraîchement cueillis !

Je le cuisine

Quelques producteurs professionnels qui proposent des semences et de jeunes plants de qualité

JEUNES PLANTS

Aromatique
www.plantearomatique.com

Le jardin d'Albert
www.lejardindalbert.fr

Ribanjou
www.ribanjou.com

SEMENCES

Biau Germe
www.biaugerme.com

Fabre Graines
www.fabre-graines.com

Ferme Sainte Marthe
www.fermedesaintemarthe.com

Graines Baumaux
www.graines-baumaux.fr

Kokopelli
kokopelli-semences.fr

Direction artistique : Caroline Laleta Ballini
Studio So What Co., Ltd.

Crédits
Toutes les photos de cet ouvrage proviennent des fonds suivants :
Studio/photocuisine
Stock food
Istock by Getty image
Pixabay

ISBN: 978-2-38058-464-6
Dépôt Légal : janvier 2024
Achevé d'imprimer en octobre 2023 par NCPrinting en Chine

Casa éditions